乡村文旅创意产品设计

王传龙 ◎ 著

吉林出版集团股份有限公司
全国百佳图书出版单位

图书在版编目（CIP）数据

乡村文旅创意产品设计 / 王传龙著 . -- 长春 : 吉林出版集团股份有限公司 , 2024.5. -- ISBN 978-7-5731-5242-8

Ⅰ . G114

中国国家版本馆 CIP 数据核字第 2024NK5171 号

乡村文旅创意产品设计
XIANGCUN WENLÜ CHUANGYI CHANPIN SHEJI

著　　者	王传龙
责任编辑	李柏萱
封面设计	张秋艳
开　　本	710mm×1000mm　　　1/16
字　　数	210 千
印　　张	11
版　　次	2025 年 1 月第 1 版
印　　次	2025 年 1 月第 1 次印刷
印　　刷	天津和萱印刷有限公司

出　　版	吉林出版集团股份有限公司
发　　行	吉林出版集团股份有限公司
地　　址	吉林省长春市福祉大路 5788 号
邮　　编	130000
电　　话	0431-81629968
邮　　箱	11915286@qq.com
书　　号	ISBN 978-7-5731-5242-8
定　　价	66.00 元

版权所有　翻印必究

前　言

乡村振兴战略是建设美丽中国的关键举措，是传承中华传统文化的重要途径。推动乡村文化旅游业发展是乡村振兴的重点。随着文化旅游产业的发展，乡村文化旅游将对促进乡村振兴、城乡融合以及实现共同富裕发挥巨大的作用。

随着社会经济的高速发展及文化旅游的日趋大众化，我国的文旅创意产品行业进入了快速发展的时期，大量的文旅创意产品的出现使竞争日益激烈。游客对文旅创意产品的需求趋于个性化和多样化，文旅创意产品设计的多元化是旅游业发展的客观要求。优秀的乡村文旅创意产品源于艺术与文化、艺术与工艺、艺术与材质的完美融合。因此，在需求不断增长并日趋多样化的条件下，只有加强乡村文旅创意产品设计，才能在竞争激烈的旅游市场环境中保持优势，让文旅创意产品行业成为乡村文化旅游的支柱。我国的设计教育经过几十年的发展正逐步走向成熟。文旅创意产品设计作为设计活动的子对象，在倡导旅游业持续健康发展的今天，其作用日益明显。

本书第一章为文化创意与乡村文旅，介绍了文化创意概述、文化创意产业与乡村旅游的融合、乡村文旅创意产业、乡村文旅创意产品概述、乡村文旅创意产品现状；第二章为乡村文旅创意产品设计理论，主要介绍了四个方面的内容，包括传神与达意、创意的表达、意境的表达、情感的表达；第三章为乡村文旅创意产品设计原则，介绍了两个方面的内容，依次是地域特色的融入和用户体验的建构；第四章为乡村文旅创意产品设计思路，介绍了产品需求调研、产品外观设计、产品设计展现三个方面的内容；第五章为乡村文旅创意产品设计实践，介绍了四个方面的内容，分别是绥德乡村文旅创意产品设计实践、藁城"三宫"文旅创意产品设计实践、葫芦庐小镇文旅创意产品设计实践、博兴县湾头村文旅创意产品设计实践。

在撰写本书的过程中，作者参考了大量的学术文献，得到了许多专家、学者的帮助，在此表示真诚感谢。由于作者水平有限，书中难免有疏漏之处，希望广大同行及读者指正。

目 录

第一章 文化创意与乡村文旅 ·················· 1
第一节 文化创意概述 ·················· 1
第二节 文化创意产业与乡村旅游的融合 ·················· 12
第三节 乡村文旅创意产业 ·················· 18
第四节 乡村文旅创意产品概述 ·················· 30
第五节 乡村文旅创意产品现状 ·················· 38

第二章 乡村文旅创意产品设计理论 ·················· 41
第一节 传神与达意 ·················· 41
第二节 创意的表达 ·················· 44
第三节 意境的表达 ·················· 55
第四节 情感的表达 ·················· 60

第三章 乡村文旅创意产品设计原则 ·················· 69
第一节 地域特色的融入 ·················· 69
第二节 用户体验的建构 ·················· 77

第四章 乡村文旅创意产品设计思路 ·················· 87
第一节 产品需求调研 ·················· 87
第二节 产品外观设计 ·················· 96
第三节 产品设计展现 ·················· 112

第五章　乡村文旅创意产品设计实践 …………………………………………… 123
 第一节　绥德乡村文旅创意产品设计实践 ………………………………… 123
 第二节　藁城"三宫"文旅创意产品设计实践 …………………………… 132
 第三节　葫芦庐小镇文旅创意产品设计实践 ……………………………… 141
 第四节　博兴县湾头村文旅创意产品设计实践 …………………………… 154

参考文献 ……………………………………………………………………………… 169

第一章 文化创意与乡村文旅

本章介绍文化创意与乡村文旅,主要从五个方面进行了阐述,分别是文化创意概述、文化创意产业与乡村旅游的融合、乡村文旅创意产业、乡村文旅创意产品概述、乡村文旅创意产品现状。

第一节 文化创意概述

一、文化创意的内涵

(一)对文化的认识

1. 文化的概念

"文化"是一个宽泛且抽象的概念,属于人类学研究范畴。有人认为文化是旅游开发规划设计的灵魂所在。有一些学科试图从自身角度出发去阐释文化的概念,一般认为,文化是人类在社会历史发展过程中所创造的物质财富和精神财富的总和。

在《原始文化》中,泰勒第一次严谨地定义了文化的概念。他从民族学的角度出发,将文化看作包含知识、信仰、艺术、道德、法律、习俗等多个方面的综合体,也是一个人所习得的各种能力和习惯。

王恩涌在《人文地理学》中对文化提出了看法:文化是人类社会历史长河中创造的物质和精神财富的总和。广泛的文化范围包括文学、艺术、风俗习惯和道德等方面。文化可分为三个层面,分别是物质文化、制度文化以及精神文化。制度文化和精神文化共称为非物质文化,与物质文化相对应。

综上,文化元素是指旅游资源和旅游产品要素中能反映旅游文化内涵的物质文化和非物质文化的信息载体，也是通过某种方式的表达能让游客感知的旅游文化信息符号。

2. 文化的分类

各国学者就如何对文化进行划分有着不同的观点，不一而足。

汉默里将文化划分为信息文化（人们掌握的关于历史、地理、社会的知识等）、行为文化（生活方式、价值观等）和成就文化（文学和艺术成就）；斯特恩将文化分为"大写文化"，即人类所有的物质和精神成果，以及"小写文化"，即精神领域的文化；奥格本在物质文化和非物质文化的分类基础之上，进一步将非物质文化划分为精神文化（文学、艺术等）和调试文化（社会道德观念）；马林诺夫斯基把文化分为物质设备、精神文化、社会组织和语言；霍尔在《无声的语言》中提出文化可分为显而易见的公开的文化，以及受过专门训练的人都难以察觉的、隐蔽的精神文化。

综合诸多学者的论述，目前学界普遍认同的是将文化分为物质文化、制度文化、行为文化和精神文化，具体如下：

物质文化是人们进行物质生产的活动方式以及在此过程中生成的物质产品的总和，自然界天然存在的物质并不能归入物质文化的范畴中。物质文化既可以反映出人和自然之间物质变换的关系，也可以反映出社会的生产力水平。物质文化是最容易被感知到的文化形式，如与我们日常生活息息相关的"衣食住行"都属于物质文化。文化创意学中所指的物质文化具有地域性、民族性和时代性的特点。地域性是指同区域文化赋予物质实体的区域风格，如苏州刺绣展现了姑苏文化的特色；民族性是指物质实体中的民族特征与特色，如福建永定馥馨土楼是客家人生活特色的物化展示；时代性是指物质实体中体现出文化的时代特色，如罗马斗兽场是古罗马帝国文化的象征。物质文化容易被感知但并不容易被把握，当我们欣赏博物馆中的古代工艺品时，不一定知道它们背后的工艺原理和用途；当我们享用西餐美食时，不一定熟悉西餐的烹饪流程和就餐礼仪；当我们参观不同民族的居所时，不一定了解其中的民族心理和文化内涵。

制度文化指在人类社会中存在的物质生产关系，以及建立在生产关系之上的社会制度、社会规范，如政治制度、经济制度、法律制度、婚姻制度、家族制度等。制度文化反映了其对应的社会或组织内部的物质基础、心态、价值观，这些都有进一步挖掘的价值,如一些景区展览再现古时社会制度、法律法规,吸引人们了解历史;一些基于古代名门大户的住宅遗址的景区,以"家风家规"为主题,吸引了不少游客。

行为文化指人类在交往活动中长年累月形成的习惯,如民风、民俗、礼仪等。行为文化具有鲜明的地域性、民族性以及对人的行为的制约性。在文化创意活动中,可通过两条路径在行为文化的基础上发挥创意:其一是"创造需求",即通过对不同民族文化的考察,挖掘其中极具特色的民风民俗,并根据这些风俗开创旅游体验项目,或将不同民族的风俗文化元素融入文化创意产品之中,将更多的民族文化带到消费者身边,从而创造风俗文化消费的新需求、新方向。其二是"满足需求",即根据广大消费者认同的行为文化来开展文化创意活动、提供相应服务。在中国的文化中,婚礼、成人礼、生日、过新年等,都有常见的风俗习惯,可针对这些需求进行创新,如新式婚礼、主题生日会、特色团圆饭等。

精神文化指人类在长期的改造自然活动中、在社会实践中、在塑造和调整自我的过程中产生的价值观念、心理状态、思维模式、宗教信仰、审美品位、民族性格以及各类艺术形式的精神表达等要素的结合。精神文化是各类文化体系中最为深层的部分,是文化创意活动自由发挥的广阔天地。一件普通的物质产品、一场普通的活动、一种寻常的行为,在赋予其一定的精神文化元素之后,可以迅速地实现文化价值、经济价值的增值。中国深厚的传统文化中蕴含着丰富的精神文化资源,可从中进行提取。在古诗词、书法、山水画中提取深远的文化意境,在波澜壮阔的英雄史诗中提取崇高的民族气节,从丰富多彩的民间活动、传统节日中提取普遍的民族形态,在一件件精美的传统工艺品、一幢幢造型独特的传统建筑中提取民族审美,在流传千古的名篇中提取高深的哲学思想等。在文化创意活动中,对于"意"的借鉴往往比对于"形"的借鉴更为重要。

此外,根据所要突出的文化具体特征的不同,文化还可以分为如下类型:

按照地理特征,分为依托农业、较为内向的大陆文化,依海扩张、性格外向的海洋文化以及蕴藏危机感、对内凝聚对外开放的岛国文化。

按照民族差异,分为汉族文化、蒙古族文化、藏族文化等。不同的民族有着各自的文化特色,这是古代文明凝聚成的精华。

按照国家分类,分为中国文化、美国文化、俄罗斯文化、日本文化、埃及文化、墨西哥文化等。国家文化既包括民族文化的特性，又包括多民族间文化的共性，处于一个国家内不同民族的文化在互动交流中会逐渐形成新的特征。

按照宗教分类，分为佛教文化、道教文化、伊斯兰教文化、基督教文化、印度教文化等。宗教深深地影响人们的思想观念，而人们也常常将宗教思想蕴含在文学、艺术、风俗、建筑中，兼具艺术与思想美感。

按照人们的生活方式和社会实践，文化还可以划分为精英文化、大众文化、高雅文化、通俗文化、家庭文化、校园文化、企业文化、饮食文化、服饰文化、酒文化、茶文化等。

总之，文化的内涵丰富，包含人类社会的方方面面，因此可以根据不同的需要将文化分成不同类型。

（二）对创意的理解

1. 创意的概念

搜索我国文献，发现"创意"一词最早出现在东汉王充的著作中。

《论衡·超奇》中说："及其立义创意，褒贬赏诛，不复因史记者，眇思自出于胸中也。"[①] 在此，"创意"指的是文章中提出的新见解，相当于立意、构思。广义上，创意指的是一种思维和有形的创作，狭义上指有形的创作。创意强调有远见、有目标、有目的的创造力。在实践中，创意指的是从无到有形成的思路、设计和方案等，体现为创造力在经济活动中的运用，一般源于个人技能和才华。我们也可以将创意理解成催生某种新事物的能力，一般以个人性、独创性、意义为条件，也可以将创意理解为一种可以积极挖掘潜力、创造价值的工具。

可以看出，"创意"一词虽然被广泛使用，但还没有一个统一的概念。国内外专家对创意的看法为我们认识文化创意产业、旅游创意产业奠定了基础。

"创意"更多是强调在社会文化领域的新观念、新思想和新设计，与人类的精神文化活动联系密切。虽然创意有时也以某种物质载体表现出来，比如外观设计，但给人们提供的仍然是一种精神文化的体验和需求。

2. 创意的产生

（1）文化：创意的源泉

著名话剧导演赖声川指出："文化创意产业"现在越来越受青睐，但我们需要

[①] 高苏垣，岳海燕. 论衡 [M]. 北京：商务印书馆，2020.

明白一个情况,"创意产业"只有在"创意"的基础上才能得以存在;"创意"需要"文化"才能增长。没有文化,就无法孕育出创意,创意产业也就无从谈起。[①]创意内容来源于几千年来人类文化的结晶,是以文化为基础产生的。同时在某种程度上,创意也可以说是对已有文化的创新。文化元素为文化创意的开展提供支点,文化内涵则是文化创意的"魂"。

任何文化创意活动,都是对精心挑选的文化元素的积累、生产、交换和消费,它同传统的以自然资源为基础的物质生产活动相区别。纵观古今中外,各种优秀的历史文化资源为我们开展文化创意活动提供了诸多文化元素。例如,被誉为集中国传统文化之大成的2008年北京奥运会,将中国传统文化元素使用得淋漓尽致,例如"鸟巢"模仿江南园林"冰裂纹花窗"的镂空外壁,奥运火炬上的祥云图案,开幕式上展现中华文明五千年历史的国画画卷等。

此外,文化内涵是优质创意的保障,是精神情感境界的体现。很多优秀的文化创意产品扎根于经过时间考验的文化精华,是优秀文化的具体展现。取材于民族舞蹈的《云南映象》,用新锐艺术构思整合了原生的云南乡土歌舞精髓和民族舞蹈经典,创造出一部既有传统之美,又有现代之新的舞台经典。对优秀文化的合理发掘和利用,结合时代特色推陈出新,是好创意的重要支撑。

(2)创造性思维:创意的工具

文化创意的核心是创意,而创意离不开创造性思维。为更准确和更深刻地从思维角度理解创意,首先要明白常规思维(conventional thinking)和创造性思维(creative thinking)的特点与两者之间的关系。

①常规思维

常规思维是指人们根据已有的知识和经验,按现成的方案和程序直接进行的、不能获得创造成果的通常性思维活动方式,也就是通常所说的逻辑思维。常规思维可以按照长期形成的既定方向和程序进行,如猫抓老鼠,也可以是因为个人主观能动性等意识方面形成的思维习惯,如某人没有根据但却认为这个问题是正确的。常规思维有判断、推理、比较、分类、分析、综合、抽象、概括、归纳、演绎等思维方式。常规思维主要有以下特点:常规性(习惯性)、规范性、通常性,新型性、突破性、独创性;单向性,即只往一个方向,长期形成固定方向的思考;

[①] 赖声川. 赖声川的创意学 [M]. 北京:中信出版社,2006.

单一性，即只考虑一种方案和思路；逻辑性，即在逻辑思维范畴内思考。

由此可见，常规思维的基础是"常规"，利用常规思维思考问题多要求人们根据已有的知识经验，按现成的方案和程序直接解决问题，换句话说，就是按从事相关的活动而产生的主观能动性，影响甚至决定之后从事的其他相关活动。

②创造性思维

创造性思维可以开拓新的认知领域、推动认知成果不断发展，以感知、记忆、思考、联系和理解等为前提，需要耗费精力。发散思维是创造性思维的核心。它提倡人们在面对问题时，要从各个角度、不同侧面、多层次、多结构的视角思考，不受传统方法的局限。他们思维开放，并不局限于单一的解决方法。创造性思维的主要特点有：独特性，与众不同，前所未有；多向发散性，既非单向也非单一的思维方式；非逻辑性，即不是按传统逻辑分析思路而进行；联动性，即由此及彼性，通常是在看似毫不相干的事物的启发之下，思路豁然开朗而获得的；综合性，创造是多种思维方式的综合，在综合中创新。

总之，创造性思维需要推理、想象、联想和直觉等思维方式，需要充分的脑力投入。因此，想要获得创造性思维的成果需要漫长的探索。创造性思维能力需要不断积累知识和智力，提高自身素质。

③常规思维与创造性思维的关系

创造性思维以非常规、非习惯的方式思考问题，是对常规思维的突破。有创造性思维的人，能在与他人看到同一个事物时，思考出与他人不同的构想。常规思维是以逻辑思考为主，而创造性思维则涵盖了许多非逻辑的思维方式，这是二者的根本区别。可以说，创造性思维很大程度上是逻辑思维与非逻辑思维的紧密结合。

人们在分析和研究问题时，一般习惯使用常规思维方式，因为常规思维方式有逻辑思维的周密、严谨等优势，并且是我们生活工作中正确、重要且有用的思维方式。但是，单靠常规思维却很难产生创意、实现创造。常规思维运用概念、判断、推理等思维类型，遵循普遍的、公认的思维规则，对事实进行有步骤的分析，或依据已有的知识来推理，从而得到新的认识。逻辑思维严谨而周密，不能出格，而创造成果的未知性与不确定性决定了创造可以出格。因此，要想进行创造、发掘创意，就必须有机结合逻辑思维与非逻辑思维，跳脱常规思维，突破思维定式。

3. 创意的价值

旧石器时代，随着天雷劈下，点燃一堆干枯的木柴，古代猿人第一次发现这种燥热的能量。他们创造性地使用火把侵占野兽的山洞，并将火堆置于洞口，防止野兽夜间侵扰；他们用火取暖，照亮无边的黑夜，用火烤熟食物，结束了茹毛饮血的生活。火如同混沌里的一束光，为人类的文明在亿万年地球的噪声中撕开了口子，智慧从此开启。正是创意激发人们进行创造性的活动，文明才得以出现。

（1）延续文明

"文明"最早来自法语中"civilise"一词，意为建立好的政府，但由此演变的"civilisation"一词不仅仅表达和政府相关的含义，还指把人从古老的习惯、规范及物质生活方式中解放出来，转向一种更为复杂的或者说"文明的"生活方式。在早期，马克思和恩格斯将文明理解为一种文化形式。不论是古希腊的雕塑、古罗马的法律、文艺复兴的建筑、理性时代的哲学，还是先秦的神话、汉代的科学、唐代的诗词、明清的绘画，文明表现在习俗、文学、哲学、道德、科学、建筑、绘画、雕塑等方方面面。它们来自创意，在创造中生存，既提高了人的审美情趣、丰富了人的精神生活，也为后世留下了极为宝贵的精神遗产。

文明又在发展中被视为"实践的事情，是社会的素质"[①]。人类在创造性思维的指导下不断产生创意，进行发明与创造。相传黄帝的妻子嫘祖发明养蚕，教人们纺织，人们不再使用兽皮而以衣物蔽体；仓颉造字、蔡伦造纸，智慧凝结成文字记录文明，进行传播与传承；雕版印刷术、活字印刷术使书本批量复刻成为可能；航海家使用指南针发现了新大陆，拓展了世界版图，拓宽了人类文明的视野。同时，文明也是社会生产力的反映与体现，文明的果实是既得的生产力。旧石器时代的石刀、石铲使采集狩猎时代进入农业的"前夜"，刀耕火种、栽培植物、驯化动物等，原始农业行为在石斧、木棒等工具的帮助下成型，翻土类工具、纺织类工具、灌溉类工具以及各种种植技术让中国古代小农经济逐渐发展到顶峰，人类人口增长迅速，生产力创造了新的文明成果。

（2）丰富文化

将创意变为现实的创造性行为使人类从蒙昧走向文明，也改变了人们的衣、

---

① 马克思，恩格斯. 马克思恩格斯选集第1卷[M]. 中共中央马克思恩格斯列宁斯大林著作编译局，译. 北京：人民出版社，1995.

食、住、行。无论是以无花果树叶为衣的亚当和夏娃,还是屈原《九歌·山鬼》中的"若有人兮山之阿,被薜荔兮带女萝",都说明以草叶蔽体是人类早期的穿衣行为。但随着社会的发展和生产技术的进步,丝、纱、绢、罗、绮等新的衣物材料也相继出现。"鱼笋朝餐饱,蕉纱暑服轻"[1]反映了纱的质地轻薄;"采桑不装钩,牵坏紫罗裙"[2]表现了罗的轻巧;汉乐府《陌上桑》中的"湘绮为下裙,紫绮为上襦"[3]词句描写的是质地柔软的绮;"美人赠我锦绣缎,何以报之青玉案"[4]提到的是用彩线织就的花纹丰富的锦。除此以外,棉麻、裘皮、铁甲、毛毡等均是人类历史上重要的衣物原料。随着人们对面料的创新,衣物早已不再只是满足保暖蔽体的需求,而是根据功能衍生出多个门类。根据服装的功能,可分为运动类、休闲类、聚会类、仪式类等;根据产品的档次,可分为高级女装、高级成衣、成衣;根据风格又可分为传统类、现代类、民族类等。人们不断对服装进行创意改良,赋予其更多的时尚美观元素,不仅让服装成为人类日常生活中的必需品,而且使其承担了更多其他功能和角色,进而丰富了服饰文化的内容。

饮食文化自古就是人类文明的重要组成部分。世界各地粮食种植、饲养物多种多样,中国有五谷(稻、黍、稷、麦、菽)、六畜(马、牛、羊、鸡、犬、豕);古埃及有大麦、小麦;苏美尔人有洋葱、枣椰。随着社会进步和生活水平的不断提高,人们在美食上的创意愈发多样。欧洲的法式菜肴、英式菜肴、德式菜肴各具特色,还有埃塞俄比亚的宫廷菜等也享有盛誉。在中国,美食更是丰富多彩,周王室发明了最古老的菜谱——"八珍";宋代初步建立中国菜系,并形成南甜北咸的格局;清初,鲁菜、川菜、粤菜、苏菜成为当时最具影响的"四大菜系";清末,浙菜、闽菜、湘菜、徽菜与"四大菜系"共同构成中国传统饮食的"八大菜系"。各地在美食上的创意改造超越了人类对食物的基本要求,组成了极具地域特色的世界饮食文化。

漫长的历史长河中,住宅房屋在人类无限的创意与创造行为下几经变革。最初人类以自然条件为基本的生存环境,在山洞、土穴中群居生活。在劳动工具发

---

[1] 白高来,白永彤.白居易洛中诗编年集[M].北京:军事谊文出版社,2008.
[2] 郭预衡,辛志贤,聂石樵.汉魏南北朝诗选注[M].上海:东方出版中心,2020.
[3] 同[2].
[4] 同[2].

展成熟后，人们的创意开始发挥作用，创造出单独的住宅，主要有土坯住宅、木结构干阑式住宅、庭院式（含四合院）住宅、宫殿式住宅、砖石住宅、砖石商人住宅、贵族别墅住宅、早期城市平民住宅等。随着建筑材料、工程结构、施工技术和设备条件的不断发展，人们在各种技术与材料的基础上开展创意活动，将单间发展成组合间、套间式、走道式住宅，随后又创造出住宅门道和楼梯，房屋也逐渐发展成为单元式住宅。待采光、保温、通风、下水设备等条件完善，水暖电卫齐全的城市单元或独户式住宅就成为当代人较为理想的居住区域。人们的居住条件在创意与创造中不断改善、提高，建筑行业也随着各种房屋建设逐渐形成，成为如今展现文化创意的重要阵地。

人类的出行方式由徒步发展到借助人或牲畜外力驱动的早期出行工具，如马车、牛车、人推车、舟、船等。进入19世纪后，人类的各种创意在科技革命的推动下相继实现，汽车、火车相继出现并逐渐普及，人类揭开了"动力交通时代"的序幕。之后，轮船、飞机等动力交通工具的发明，将人类在出行方面的创意和创造推到一个更高的水平。

由此可见，人类文明史俨然就是创造文明的过程。没有人类各种奇思妙想的创意和世世代代的辛勤创造，就没有现如今辉煌灿烂的世界文明。

二、文化创意的载体

（一）文学作品

文学作品是通过文字表达创意和文化情感的一种形式。小说、诗歌、散文等文学作品通过精心的叙事和描绘，传递作者的思想、情感和对世界的观察。作家们通过语言的力量，在读者心中创造出丰富的情感世界和文化观念。

（二）视觉艺术

视觉艺术是采用绘画、雕塑、摄影等形式，通过视觉元素展示创意和文化意象。绘画作品可以通过色彩、线条和构图来表达情感和观点。雕塑作品通过形状、质感和空间感呈现创意和文化内涵。摄影作品则通过镜头的捕捉和构图的安排来记录和呈现瞬间的美和触动。

（三）表演艺术

表演艺术是通过舞蹈、音乐、戏剧等形式展示创意和文化内涵。舞蹈通过舞者的身体动作和舞台设计来传达情感和意义。音乐通过声音的旋律和节奏表达情绪和思想，戏剧通过剧本和演员的表演来演绎故事和探索人性。

（四）设计与手工艺品

设计与手工艺品是利用创意设计和手工制作展示文化特色的艺术品。时尚设计通过服装、配饰等展现独特的风格和文化元素，家居设计通过室内布置和家具设计体现特定文化的生活方式，手工艺品通过传统工艺技法和材料来创造独特的文化形象。

（五）数字媒体艺术

数字媒体艺术是利用数字技术，如虚拟现实（VR）、增强现实（AR）、数字游戏等创造多样的艺术体验形式。VR 和 AR 技术可以让观众沉浸式体验虚拟环境和互动体验，数字游戏则将创意和文化元素融入游戏设计、剧情和美术风格中，打造出独特的游戏世界和体验。

（六）文化节庆活动

文化节庆活动是通过特定的活动形式体现和传播文化创意。传统节日庆祝活动将民俗、历史和艺术元素融入庆祝仪式和活动中，艺术展览则展示艺术作品和文化特色，文化音乐会通过音乐表演来呈现音乐的多样性和文化的特色。

（七）文化创意产业产品

文化创意产业产品是将文化创意融入商业化的产品中。电影、动画、卡通等作为文化创意产业中的重要形式，以故事、画面和角色展示文化观点和创意想象。文化创意产品包括以文化元素为基础的商品和衍生品，如以传统文化图案为设计灵感的纪念品、手工艺品等。

三、文化创意的价值

文化创意以多方面的知识体系为基础，辅之以创造性思维的发散，表现在物质载体上，是有形的物质价值，如创意产品；表现在精神层面，是无形的精神价值，如文化价值、美学价值等。

（一）文化创意的有形价值

文化创意的有形价值是以具体的产品为物质载体的，即创意产品。

传统意义上的产品价值体系是由使用价值和市场价值两部分组成的。而创意产品不仅包含传统产品价值体系，同时还加入了以文化价值为主的非市场价值部分。并且在其传统价值部分中又拓展了多重层次的价值体系，如在使用价值中，除了原有的物质载体价值、功能价值等基础性价值外，还拓展了文化、审美、艺术等方面的精神性体验价值，并延伸出特定的市场交换价值。创意产品的市场价值不仅限于物品相关权利的交换，也与知识产权和相关权利的交换有关，消费者愿意为其体验到的文化价值和市场总体价值支付费用。

创意产品的使用价值是社会赋予的，创意产业生产和运营的过程会形成交换价值（市场价值）。这使创意产品身处商品、社会和文化的三重结构中。创意产品的各种价值相互交织，构成了多维度的价值体系。

（二）文化创意的无形价值

文化价值并非以经济效益为导向，而是追求人类的道德、自由和解放。它所强调的是非功能性的因素。文化创意的兴起和发展在一定程度上推动了现代文化的改革和进步。特别是在文化创意产业领域，单一地以经济效益来衡量其价值是不合适的。文化创意产业的要求应更加注重人文价值，不应将经济增长视为唯一目标，而应强调对社会整体道德素质的促进作用。

资本主义是一个结合经济和文化因素的体系。在经济方面，它的根基是财产私有和商品生产；在文化领域，应该遵循互惠互利的原则进行交易，推动文化产品的商业化，并更好地渗透到社会中。在某一时期内，资本主义的经济力量和文化（艺术）力量之间的合作逐渐瓦解，社会中出现了各种矛盾。随着审美的日益普及，艺术和美学正逐渐融入公共空间的各个角落，产生着有趣的交互效应。尽管有人主张艺术和生活应界限分明，但我们不能忽视美学和艺术已经对社会和经济发展产生了影响。艺术和审美已成为资本和经济增长的驱动力。随着文化创意产业的持续发展，审美资本主义的影响力日益显著。尽管创意产业对经济增长作出了显著贡献，但在审美和艺术价值的实现方面，它与经济发展不是同步的。审美资本主义与布迪厄的文化资本理论在一些方面存在差异。文化资本理论侧重于文化资源的积累和传承，而审美资本主义则更关注人们对审美和情感需求的认知。这意味着，审美资本主义主张消费和推广认可的审美风格与趋势，而文化资本更注重人们对于文化资源的累积和传承。简而言之，审美资本主义主张的是人们对美学与情感的认知和追求，而文化资本则更注重文化资源的积累和传承。因此，我们必须提出更明确的要求，关注地方审美经验，以实现文化创意产业的平衡发展，并在全球化背景下建设创意城市。

第二节　文化创意产业与乡村旅游的融合

一、文化创意产业与乡村旅游融合的意义

（一）利于乡村传统文化传承与发展

乡村地区往往具有独特的种植文化、民俗风情和民族特色。乡村旅游的发展需要依托传统的乡村文化，因为这是其土壤。

开发乡村旅游时，应以自然景观为基础，以文化为主导。将文化创意引入乡村旅游开发，能促进乡村传统文化的维护和传承。

1. 保护和挖掘乡村传统文化

随着社会的进步，文化已经成为人们生活的必需品。国家号召大力推动文化产业的发展，将其打造成国家经济的重要支柱和增长点。为了丰富人们的心灵，我们需要深入挖掘具有价值的传统文化资源，并应用文化创意的方式创作出能丰富精神生活的文化产品。

传统村落文化是中华民族传统文化的源头和基础，它孕育了整个文化体系。虽然这种文化是在小村落中形成和传承的，但它具有深远的影响力，不断地影响和塑造着整个国家的文化风貌。乡村旅游和文化创意产业的发展源于优秀的传统文化。在古村落文化的保护和开发中，文化创意产业的兴起也提供了一种有效的途径。那些融合了本土风情、别具一格且外观引人入胜的文化创意乡村旅游产品更加吸引人。

2. 传承和传播乡村传统文化

虽然文化创意以乡村资源和传统文化为根基，但它也具备了超越乡村资源和文化的属性。采用文化创意的方式能更加有效地保护资源和文化，并成功地实现开发。通过深入探索乡村元素，文化创意产业发现并制造了适应广泛消费市场的乡村旅游产品。借助各种途径，这些产品以新颖的方式展现中华文化，并向外输出中国的价值观，达到了文化输出与传承的目的。乡村文化产品的推广，能吸引更多人去了解、购买并欣赏这些独具特色的文化艺术，从而培养人们对传统乡村文化和手工艺品的热情和兴趣，最终推进优秀传统文化的不断传承和创新发展。鉴于市场对乡村文化创意旅游产品的青睐，乡村传统文化的传承得到了进一步的推动。

在开发乡村旅游产品时，我们可以引入文化创意元素，深入挖掘当地传统文化的内涵并进行文化创意。这种方法不仅可以推动文化创意产业的持续发展，而且可以有效继承本国优秀传统文化。

（二）利于乡村旅游健康可持续发展

由于政府对农村问题的关注以及对乡村旅游业的积极推动，国内乡村旅游行业迅速兴起，乡村地区的经济迎来蓬勃发展的机遇。乡村旅游的健康可持续发展得以实现，得益于文化创意的融入。

1. 实现乡村旅游健康发展

在文化创意产业中，人类的智慧与创造力是至关重要的因素。需要对乡村地区的旅游资源进行深入挖掘，并重新整合，再利用已经开发的旅游资源。运用创造力，对各种元素进行重新整合与构思，从而打造出富有特色、有价值和意蕴的文化创意乡村旅游产品。

从另一个角度来看，文化创意产业可以通过充分利用现有的实物和非物质资源，提高其附加值水平。除此之外，我们可以通过提升当前乡村旅游产品的品质，增强其多样性、精致程度、高端化水平和附加价值，来拓宽乡村旅游的资源开发范围、挖掘市场潜力，推进乡村旅游克服不利因素，促进乡村旅游蓬勃发展。

2. 实现乡村旅游可持续发展

实现乡村地区的可持续发展需要依靠乡村旅游的可持续发展。乡村旅游的可持续发展需要优先考虑保护与合理利用乡村旅游资源，以满足当前需求并注重后代利益。在开发乡村旅游产品时，可以用当地的文化作为基础，加入现代时尚的元素，通过文化创意的手段来吸引市场，这样可以突出当地特色文化，同时满足市场需求。

将文化创意渗透到乡村旅游业中，以创造独特的乡村体验。通过深度挖掘和充分利用乡村的传统历史文化资源，推动乡村旅游产品在开发、设计、生产和销售等方面的不断创新。以上措施为乡村旅游的可持续发展奠定了必要的基础。

（三）利于乡村旅游转型升级

1. 提升乡村旅游资源价值

文化创意产业主要是凭借独特的创意思维，突破传统思维模式，在特定的物品上注入精神与文化内涵，以满足消费者对于高品质文化体验的需求。通过将乡村旅游与文化创意产业巧妙结合，实现相关产业和行业间的融合，以达到资源整合与多元化发展。通过文化创意，设计并开发既具有多元化、多元素、多特点又能涵盖生态、生产和生活等多个方面的乡村旅游产品，从而提升乡村旅游资源的价值，促进不同行业之间资源整合的价值增值。

2. 加快乡村旅游转型升级

随着城乡综合发展和乡村复兴战略的实际实施，各级政府越来越重视乡村旅游。乡村旅游产业与许多方面息息相关，它可以在优化产业结构、推动就业等方面起到积极的作用。将文化创意元素与乡村旅游相结合，有效地推动了市场的繁荣发展，创造了大量就业机会并提高了当地居民的收入水平。将乡村旅游与文化创意产业及其他相关产业有机结合是必然趋势。这种融合发展不仅可以丰富乡村旅游的内涵，还是实现乡村旅游全面转型升级的一个重要途径。

（四）增强文化创意产业的原创力

乡村旅游是文化创意产业的宝库，具备丰富的创意要素和空间。利用乡村旅游资源可以为创意产品注入特色，促进创意产业的多元发展，解决同质化问题，并实现创意产品的多样性，从而推进文化创意产业向价值链上游拓展。在乡村旅游和现代农业流通展示渠道的促进下，乡村旅游产业链的末端环节实现了大幅增长。这为创意产业创造了多种形式的表达方式，减少了展示和流通的成本和风险，同时也增加了创意产业的盈利能力。此外，将乡村旅游和文化创意产业融合，发挥它们的协同效应，促进文化创意产业稳步成长为一个覆盖面广、规模较大、具备区域竞争优势的产业集群，有助于创意产业拥有更多的规模和区域优势。

总的来说，创意乡村旅游的出现拓展了创意产业的发展前景，也为乡村旅游提供了更多支持。

二、文化创意产业与乡村旅游融合的原则

（一）以市场需求为导向

为了实现乡村旅游的可持续发展，需要采取以市场需求为导向的思路来开发。为了跟上时代的发展潮流并获得更大的经济效益，乡村旅游地需要采取以市场为导向的开发模式来满足不断变化的游客需求。随着社会的持续快速发展，人们对乡村旅游的需求也在日益变化。人们越来越注重生态、休闲和主题化的旅游体验。因此，在融合发展乡村旅游产业与文化创意产业的过程中，需要进行深入的市场调研，了解市场变化趋势并预测市场需求。我们可以将乡村旅游和文化创意产业紧密结合起来，并积极争取政府在政策、资金和信息等方面的支持，为实现这两者更高效的融合制定方向、策略。

（二）坚持全面融合

将乡村旅游与文化创意产业融合，不能做表面功夫。首先，我们需要在产业交叉区域横向整合各个产业，实现产业的交叉融合开发。其次，要纵向融合乡村旅游与文化创意产业，包括原材料供应、产品研发、市场拓展和信息反馈等各个环节。只有这样，我们才能构建独特的产业链并获得竞争优势，甚至可能建立新的产业基地和集群。

（三）坚持可持续发展

把乡村旅游与文化创意产业融合起来发展，不仅是乡村旅游发展的必然趋势，也是推动乡村旅游提升和转型的重要途径，还是实现乡村旅游可持续发展的重要方式。要实现乡村旅游的可持续发展，需要综合考虑乡村经济、社会、生态和文化等方面的因素。除了经济效益，融合乡村旅游和文化创意产业还需注重其对社会、环境和文化的积极影响。实现融合目标要以生态为根基、以文化为主线、以

特色为基石、以人为核心、以产品为媒介、以体验为优势，只有这样，乡村旅游业才能实现长期稳定的发展。

（四）坚持优势主导

为了将乡村旅游与文化创意产业融合发展，我们需要充分利用双方的优点，避免弱点，并且让优势互补，从而实现强强联合。通过充分发掘乡村旅游地区的自然资源、文化遗产和乡土特色，以文化创意产业为支撑点，采用创新性的手段，打造独具地方特色的旅游产品和服务。同时，采用巧妙的推广手段，以本地文化为基础，打造富有个性的全新产品和服务，推进乡村旅游产业的融合发展。利用地域和产业的优势，开发特色产品和项目，打造独特的品牌形象，以品牌优势带动发展。总体来看，将乡村旅游与文化创意产业相结合时，应坚持优势互补的融合原则。

三、文化创意产业与乡村旅游融合的路径

（一）加强产业融合

乡村旅游产业的一个关键特点是产业边缘不太明显，边界不太固定。这个特点为乡村旅游与文化创意产业的融合提供了可靠的基石。在加快区域乡村旅游发展的过程中，可以探索减少乡村旅游产业的边缘性质，以促进更加灵活的产业融合和发展。同时，需要注意的是，文化创意产业和乡村旅游并不可以无限度地融合发展，要根据不同发展阶段进行灵活的融合，才能实现预期的效果。

（二）加大科技含量

通过高新技术的融合应用，各产业间的融合可以更加便捷高效。随着科学技术水平不断提高，各个产业之间实现了更深入的融合，为发展带来了更多的机遇。除此之外，乡村相关产业的竞争优势也将得到提高，从而进一步增强乡村旅游业的竞争力。技术的进步为乡村旅游业带来了新的产品和理念，同时也创造了新的业态。将这些新产品和理念与乡村文化旅游产业相融合，使该产业拥有了更多的发展形式，并促进了内部与外部的融合发展，推动了该产业的扩展和延伸。因此，科技的进步为乡村文化旅游产业的融合发展提供了更加便利的条件。

（三）加强产业协作

随着时间的推移，游客的需求变得越来越丰富多彩，这也使乡村旅游产业的边界逐渐模糊。因此，乡村旅游业应与生态、信息、科技、休闲、养生及文化创意产业等相融合，实现共同发展。这种融合发展的方式，具有多方面的优势，可以实现多方面的效益。实现乡村旅游产业融合，需要立足于多个产业的发展，注重加强与其他产业之间在信息、技术、资源、营销等各方面的沟通合作，同时探索和研究创新的融合模式和方法。我们应该留意游客需求的变化，以市场需求为导向，跨越长期以来的产业分离思维障碍，采取乡村旅游产业融合发展的创新思路，推出切合游客需求的新型产业融合产品和服务。在促进产业融合发展的过程中，制定一致的政策是至关重要的。在推行行动方案的过程中，可以策划并实施综合的乡村旅游业发展计划，同时为乡村旅游业融合设定标准和基本准则。另外，还可以通过评选优秀乡村旅游产业融合基地等方式，为乡村旅游产业提供必要的政策、资金和环境支持。这些努力可为促进乡村旅游产业的融合与发展提供必要的帮助。

（四）营造宽松发展环境

乡村旅游地区应该加强资源要素的建设，为产业融合打下必要的基础，并做好充分的准备工作。建立完善的跨界治理机制对产业融合而言尤为重要。为了科学有效地配置乡村旅游资源，我们必须先确保各个利益集团之间进行有效协调，并实现集团间的联动发展。根据集团共同制定的发展目标，我们将选择符合共同利益的管理模式，并在此基础上进行管理。具体而言，为达成目标需要采取三个重要举措。首先，我们需要成立一个领导机构（例如乡村旅游发展指导委员会），以实现对产业资源的协调和管理，进而快速提升经营水平。其次，不仅需要建立一套灵活实用的奖惩机制，以激励不同利益群体的发展动力，还需要保证利益分配平衡。针对不同的发展阶段和需求，采取有针对性、有效的激励政策，可以成立各种基金，如"产业融合市场开发基金""融合型产品营销基金""创新性旅游人才引进基金"以及"旅游环境改善投资基金"等，来促进市场拓展、产品销售和人才引进等方面的发展。最后，建立高效的监管机制，制定健全的法规，以限制和监督相关利益方的行为。

第三节　乡村文旅创意产业

一、乡村文旅概述

（一）乡村文化与乡村吸引力

乡村文化是由乡村社区中居民、生产、生活和环境相互作用所孕育而成的各种元素和现象的综合表现。乡村文化是多元且不断发展的，其内涵包括乡村公共信仰、民俗手工艺以及乡村建筑等方面的文化元素。除此之外，乡村文化还包括一些具有启示意义的文化传统，比如家训家风、文化演出场所、乡村祭祀场所等。

随着现代化和城镇化的加速推进，传统的乡土环境发生变化，不过这并不意味着乡土文化的消失，反而使乡村更加珍贵和稀缺。与高楼大厦林立的城市相比，乡村承载着乡音、乡情，保留了宁静的生活以及质朴的传统。如今的乡村让人们"望得见山、看得见水、记得住乡愁"。乡村文化包含传统的建筑、自然景致、生活方式、生产方式和手工艺等方面的独特文化元素，这些资源都具备非凡的价值，对于城市居民极具吸引力。

（二）乡村文旅的内涵与意义

乡村文旅是指以乡村的自然资源、人文资源和生态资源为基础，以乡村的文化特色、生活方式和社会风貌为内容，以满足城市居民对乡村生活的向往和体验为目的，通过开展各种文化、旅游、休闲、娱乐等活动，实现乡村与城市、农民与游客、传统与现代的交流互动，促进乡村的经济发展、社会进步和文化繁荣的一项综合性产业。

1. 乡村文旅的内涵

乡村文旅的灵魂与核心是乡村文化，乡村文化是乡村文旅竞争力的主要来源，特别的乡村文化是乡村文旅区别于其他旅游形式的根本特征。乡村文旅的载体和形式是乡村旅游，乡村旅游包括观光、体验、休闲、度假等类型，满足了城市居民对自然、田园、农耕等不同主题的需求，提供了与城市生活不同的感受。乡村文旅的主要目标和价值是乡村发展。乡村发展包括经济发展、社会发展和文化发展等，乡村发展实现了乡村的增收，改善了就业、教育、卫生等方面的环境，提升了乡村的整体素质和水平。

2. 乡村文旅的意义

对于城市居民，乡村文旅是一种心灵的净化和放松，是一种生活方式的转换，能增强人们的文化认同感和归属感。通过参与乡村文旅，城市居民可以远离城市的喧嚣和压力，享受乡村的宁静和美好，体验农耕生活的趣味和魅力，感受传统文化的底蕴，增进对祖国大地和民族精神的了解和敬意。

对于农村居民，乡村文旅是收入来源和就业机会。乡村文旅能增强农民的自豪感和自信心。通过参与乡村文旅，农民可以利用自身的资源优势，开展多元化的经营活动，提高收入水平和生活质量，学习新知识和新技能，提高创业能力和竞争力，树立对家园和文化的自信和尊重。

对于社会，乡村文旅是城乡融合与协调发展的推动力，是生态保护和文化传承的有效途径，是民族团结与社会和谐的重要保障。通过参与乡村文旅，社会可以促进城乡之间的信息交流和资源共享，缩小城乡之间的差距，保护乡村的自然环境和人文风貌，传承乡村的历史记忆和文化精髓，增进各地区和各民族之间的相互了解和相互尊重。

二、文旅创意产业概述

（一）文旅创意产业的概念

文旅创意产业是将文化、旅游和创意产业有机结合起来，以促进文化和创意的交融与合作。文旅创意产业将文化创意和旅游业务结合起来，采用创新的方法，利用知识产权来提升文化旅游服务和产品的质量，从而创造出新颖且具有智能特点的文化产权，实现文化和旅游业务之间的紧密结合，促进产业的增长和增值。

文化旅游创意产业的主要门类包括：文化产业园，如北京798艺术区；影视基地，如无锡中视影视基地；文化旅游主题公园，如芜湖方特欢乐世界；文化游憩街区，如南京夫子庙旅游商贸区；文化主题酒店，如深圳威尼斯皇冠假日酒店；古村落，如安徽西递、宏村；古城镇，如江南古镇（周庄）；历史文化街区，如老街系列（安徽屯溪老街）；会展旅游，如平遥国际摄影展；节庆旅游，如青岛国际啤酒节；旅游演艺，如印象系列实景演出（《印象刘三姐》）；剧场类旅游演艺，如《宋城千古情》；文化旅游商品，如迪士尼乐园旅游纪念品等。

文旅创意产业既具有文化产业的特点，又具有旅游产业的特征。它是以创意为灵魂，将文化产业与旅游产业有机融合而形成的生态。

1. 国外对文旅创意产业的理解

联合国教科文组织给出的定义是，文旅创意产业由那些具备技术、智慧和创意才华的人组成，他们运用科学技术重新组合和创新文化旅游资源，不仅提升了这些资源的价值，同时也保护了知识产权，从而形成了一个可持续的产业。这个行业生产者能带来高附加值的文化旅游产品。这个产业具备强大的经济实力和就业带动能力，主要围绕创意产品、文化旅游和文化产权等核心领域展开。

按照理查德·凯夫斯文化经济学的理论观点，文旅创意产业是满足人们对旅游、娱乐、文化和观赏方面需求的同时创造经济价值的产业[1]。

据澳大利亚创意产业和创意研究所的麦克·金所说，将文化旅游和相关服务行业相结合以创造经济收益，便构成了文旅创意产业。这个产业的核心业务是创作富含文化韵味的文化创意产品，如文化演艺、歌剧演出、民俗庆典等[2]。国际上对于文旅创意产业的定义主要集中在以下几个方面：

第一，创意产业在文化旅游领域的发展离不开自主创新和智力资产的支撑。第二，文旅创意产业涵盖了技术、经济、旅游和文化等多个方面，因而被归为内容丰富的行业。第三，文化旅游业为许多有创造力和天赋的人创造了一个蓬勃发展的文化环境。

2. 国内对文旅创意产业的定义

随着全球经济的进步，越来越多的关注集中在文旅创意产业上。在中国，人们已经开始认识到文化不仅是一种意识形态，还具有经济价值。"文化创意产业"这个概念首次被提出，是在2000年10月举行的中国共产党的第十五届五中全会上的《中共中央关于国民经济和社会发展第十个五年计划的建议》中。

在香港特别行政区政府的《施政报告》中，文化创意和旅游产品的结合被称

---

[1] 姚军毅.文化创意产业的内涵、发展简况与产业门类[M].北京：中国评论学术出版社，2007.

[2] 廖明星.张家界文化旅游创意产业研究[D].吉首：吉首大学，2012.

为文旅创意产业。这个行业包括演艺、电影电视制作、艺术品制作、广告营销和产品设计等方面。在此含义里面，主要注重"文化旅游创意产业是旅游产业与文化产业的结合"[①]，将"文化产业"与"旅游产业"不相关的定义融合在一起，不仅能增进地区经济效益，同时也会促进文化的繁荣。

2002年起，我国台湾地区开始推动文化、旅游和创意产业的发展。这个行业被归类为一种通过创造和运用文化来积累经济价值和增加就业机会的行业。

在厉无畏所著《创意产业导论》中，明确指出创意产业是由创新和创意驱动的产业。总体来说，任何以创意为驱动力的行业都可以被视为创意产业。

根据上述定义，我们可以知道文化创意产业的核心在于将创意转化为产业。在我们的生活中，"创意"指的是产生"想法"和"点子"的能力，这些元素因个人的学识、才华、创造能力而有所差别，因此是主观意识形态。每个人都有创造性的思想，这种思想由来已久。随着社会的进步，这种创新思维逐渐被认为是一种知识产权，并形成了文化创意产业。然而，就文化创意产业而言，大多数行业中的创意并非由个人所创造，而是集体的创意汇聚。创意是科技与艺术融合产生的结果。这种融合方式打破了人们对科学的固有观念，激发了强大的推动力。文化创意产业的中心和要素在创意领域最关键的是创意的商业价值和潜力，这使创意可以进一步被开发和转化为经济利益。

文化创意产业不是简单地把文化、创意和产业结合起来，而是一个互相联结、互相渗透的生态系统。随着技术的变革，文化生产的规模也得到了明显的扩大。此外，随着创意传播的范围和深度的进一步扩大，创意成为经济发展的"智力先导"，并且被视为产业增值的重要因素，因为创意可以附着在任何实物载体上。文化在产业化过程中起着双重作用：一方面推动产业化发展，另一方面通过不断演变和创新形成独特的文化环境，促进新的创意不断涌现并最终转化为产业化的动力。这种循环的过程不断推动着产业化的进展。

总体来看，我们的观点是：文化应该成为旅游资源的主要来源，通过创意和创新，创造能为经济带来实际价值的旅游产业。维护知识产权是最优策略，能有效创造经济价值。

文旅创意产业是指以文化和旅游为基础，以创意为核心，以创新为动力，以

---

① 李斯特. 政治经济学的国民体系[M]. 北京：商务印书馆，1983.

市场为导向，以满足人们的精神和文化需求为目的，通过整合各种资源，形成具有独特价值和竞争力的产业。文旅创意产业包括文化创意产业和旅游创意产业两个方面。文化创意产业是指以文化知识、艺术技能、创意思维为主要生产要素，以文化产品、服务和符号为主要输出，具有高附加值、高知识含量、高技术含量的产业。旅游创意产业是指以旅游资源为基础，以创意设计为核心，以体验为主要内容，以满足游客多元化需求为目标，提供新颖、独特、个性化的旅游产品和服务的产业。

（二）文旅创意产业理论构建

文化旅游创意产业理论的基础是文化经济理论。李斯特是历史学派的创始人，他对文化因素、对旅游经济的影响进行了阐释，首次提出了"精神资本"的概念。根据李斯特的观点，现代人类的精神资产来源于科学、艺术、国家和社会制度的进步，以及生产能力、知识产权文化、发明和生产的逐步积累。他反对将国家的生产能力仅限制在物质资本上的说法，认为"精神资本"是由个人的生产能力和社会环境共同构成的重要因素[①]。目前，我国的文化旅游创意产业已被政府视为新兴产业。但因为实际情况在不同地区存在差异，所以各地在发展这个产业时采用的方法也不尽相同。理解文旅创意产业实现的基本原理是极其关键的。文旅创意产业的发展具有两个途径：其一，将文化创意与传统产业有机结合，通过自主研发或者有意识地对其进行改良，使之成为文旅创意产业的一部分。在这种情况下，人们通常会采取创新的方法进行改变和升级。其二，将创意的规模扩展并实现工业化，此过程涉及文旅创意产业的价值链构建问题，过程非常复杂，需要对传统产业进行升级和改造。

1. 创新理论

1912年，熊彼特提出，如今的社会和经济发展已经不再依赖于投入的资本和劳动，而是需要依靠创新来推动。他明确表达了创新对经济发展的重要性，进而启发了创意产业的理念[②]。他首先提出的"创造性破坏""创新"和"企业家精神"三个重要概念，已经成为全球主流经济理论中的核心要素。

虽然创新不局限于创造、发现或发明，但这些行为构建了创新的基础。创新

---

① 李斯特. 政治经济学的国民体系 [M]. 北京：商务印书馆，1983.
② 熊彼特. 经济发展理论 [M]. 北京：商务印书馆，1990.

活动之所以能持续、加强和扩展，是因为只有在创新过程中进行研发，投入能够带来回报时，才有可能实现。

文旅创意产业的创新性，主要表现在通过创新的思维和方法，独具匠心地生产、设计和经营文旅创意产品和活动，从而创造出与众不同的、独具特色的作品。这意味着需要对各种资源进行重新组合，将其推广为普遍适用的方法，使更多人能接受并认可这种创新。在文旅创意产业中，创新主要体现在融合文化内涵的创意方面。创意是一种独特且无形的资产，它深深地融入国家和民族的文化内容中。

创新离不开创意，因为创新是由有创意的人发掘出来的。据刘诗白所说，"创意进入经济学的论述，只有当它是创新的起因，从而成为技术进步的先兆之时"[1]。这意味着创新只有在成为生产力时才是创新，创造力是实现创新的必要条件。因而，将创意转化为商业行为的过程即为创新。在创新的基础上，创造力更加注重思维方式。只有把有创造力的思路付诸行动并转化为实际成果，才能达到创新的水平。一般而言，创新指与新兴事物密切相关的技术变化，这种变化注重技术和发明，着重改进功能方面。因此，这种不同的侧重点会使创意和创新的内涵产生差异。

文化知识创意和科学技术创新是产业发展中相互依存的因素，它们的融合是文旅创意产业跨界发展的驱动力之一。科技的创新是促进文旅创意产业快速发展的重要因素之一，尤其在知识经济的时代背景下。当代数字技术为文化创意产业提供了有力的支撑，使其蓬勃发展，并探索出全新的表达手段。

2. 截层理论

截层即水平剖切并分开各个层次。日常生活中常见的情景是修剪绿化带上的花卉。为了让绿化带看起来更加层次分明、时尚优雅，一般采用截层式的修剪方法。在经济领域中，打破产业链并不是一个简单的过程。不同的产业系统都有一系列复杂的产业链，这些产业链涵盖了经济增长的多种不同因素。因此，真正地截断这些产业链并不容易。为了有效地切断产业链，截取的环节必须能迅速整合，同时又具有一定的灵活性。当代文化和飞速发展的科技推动产业朝着创意化方向发展，因为创意天生就是一种能成就产业的力量。

---

[1] 刘诗白. 论现代文化生产 [J]. 经济学家. 2005（1）：4–16.

三、基于系统性的乡村文旅创意产业设计

（一）乡村文旅创意产业的系统观

近年来，随着人们对物质需求的不断提升，乡村文旅创意产业逐渐成为创意产业发展的重要方向。乡村得到了重新整修，保留了自然生态、产业特色和文化传统，并且还提升了旅游价值。乡村文旅创意产业的发展涉及多个要素之间相互作用，这些要素共同构成了一个独特的结构形式，形成了一个具有有机整体性的系统，并且能满足特定需求。在目前的乡村文旅创意产业体系中，我们需要综合考虑乡村与周围文化、生态和产业之间的紧密联系和内在关联，这些因素相互影响、相互支撑。除此之外，我们还需全面关注乡村文旅创意产业系统中人们的各种需求。

乡村文旅创意产业的系统视角有以下三个基本特征：

第一，乡村文旅创意产业可以看作一个包含有序和无序两个方面的系统。系统的相互依赖、规律性和稳定性构成了有序性，是系统稳定性的保障。无序性表示的是相对自主、不受限制、不规范的，也是充满不确定性和挑战性的，难以预计的。为了确保系统的有效功能和价值，我们必须重视系统的有序性。要成功打造乡村文旅创意产业系统，我们必须认识到保持秩序和规律的重要性，并以此为基础打造一个有机的整合体系。

第二，乡村文旅创意产业系统的最显著特点是多元性，它集结了多种不同元素并且能成功协调这些元素之间的差异。系统的进展主要依赖于其存在的差异性和多元性。为了推动乡村文旅创意产业的发展，不仅需要挖掘旅游、农产品、自然生态环境等传统领域的潜力，还需构建符合当前时代要求的多元化系统要素，如互联网平台、电商等。

第三，对于乡村文旅创意产业，需要有整体性的思考，将各个要素有机地结合起来形成一个系统。这个系统应该具备多样性和统一性。在乡村文旅创意产业中，常常会将两个或者多个元素融合在一起，从而赋予相关系统独特的状态、特点、行为和功能。

（二）乡村文旅创意产业中的系统性设计

在乡村文旅创意产业的发展过程中，我们应该充分认识到整体系统性的重要

性。也就是说，各个方面的因素和要素都必须有机地相互结合，形成一个多元、有机、统一的整体。很多乡村旅游创意产业系统将两个或多个要素结合在一起，这种组合赋予了系统不同的状态、特点、行为和功能。当前，在乡村文旅创意产业中，系统性设计被广泛运用。一般来说，它包含乡村文旅创意产业的核心部分及相关因素。该设计的主要目标是打造乡村文化旅游创意产业系统的核心要素。这些要素涵盖了技术开发公司或公司内设的专业技术开发部门，这些机构将负责提供技术指导以及从事与技术开发等相关的业务。与技术开发公司相匹配的要素包括与其技术指导相关的组织和活动，例如市场调研、用户反馈和成本估算等，以便更好地支持技术开发工作。这些系统要素的作用在于提高主体的完备性，通过整合核心组件和相应的辅助组件，形成一个完善的设计解决方案。

1. 以乡村旅游要素为主体

传统的乡村旅游项目，游客能体验自然生态风景和参与农家生活、品尝农家餐等活动。在进行系统设计时，我们需要综合考虑各种因素，以实现设计方案的多样性、多功能性，展现乡村特色的活力。当前，我们将乡村旅游资源视为主要的创造性成分。通过对基础设施和田园风光进行系统改造，并结合当地独特的文化特色、体验活动、手工艺品和特产等要素，打造出一套具有竞争力和影响力的乡村文旅创意产业生态系统。

2. 以农产品产业为主体

随着人们生活水平的提高，越来越多的人开始关注健康饮食，乡村农业产品也因此受到了城市居民的欢迎。为了进一步完善当前的文化旅游创意产业系统，需要将其他元素与农产品产业相结合。乡村的地域文化和传说、农产品包装设计、有机种植的认知和体验，还有产品创意的宣传，都是相当重要的要素。通过整合这些要素，可以构建一个有机、健康的乡村文化旅游创意产业生态系统。

3. 以乡村文化为主体要素

乡村文化是农村居民经过长期生产和生活实践形成的，是中华民族文化中不可或缺的一部分。乡村文化的中心要素涵盖了农业、传统风俗、地方建筑、自然生态和乡村社区等。为了有效地保护和发展乡村文化，当前乡村文化旅游产业系统需要全面考虑其他要素，例如，完善的基础设施、科学的管理模式、激发传统手工艺的活力、推广乡村美食文化等。

（三）乡村文旅创意产业中系统性设计的价值

系统性设计能确保乡村文旅创意产业的价值体现，要从整体把握设计过程中的各个要素，并形成一定关系结构，实现其价值与功能。

1. 从当地乡村村民的视角来看

在系统性设计过程中，乡村村民面对多元化的模式和不断革新的社会市场开始觉醒，并发现单一方面并不能支撑文旅创意产业系统有力的发展，因此他们不断把从当地乡村文化、体验中提取的元素融入文旅创意产业，并逐渐从自我升级的良性循环中寻求发展。

乡村村民开始转变为以"社区主导"为主的模式，如自我管理服务组织的合作社。这些合作社融合了自然生态资源、农产品生产以及推广文化、民俗等多方面，且合作社共同管理、利益共享、风险责任共担，让村民的付出得到更好的反馈。最为主要的是，"社区主导"的模式有一定的协调性，有利于实现乡村文旅创意产业系统统一的营销和管理。

2. 从当地乡村政府的视角来看

当前，部分乡村政府已从完全主导向有限主导的方向转变，也不断向服务型政府转变。在乡村基础建设的工作基础上，做好监管工作，在宏观方面给予乡村文旅创意产业发展更多机会和政策，也发挥了乡村政府宏观调控能力，杜绝对乡村自然生态和文化民俗等方面的破坏行为，调节乡村各方面利益关系，施展其经济杠杆的作用，使系统设计中的乡村文旅创意产业得以健康、全面发展。

四、基于服务设计理念的乡村文旅创意产业设计

（一）服务设计理念的可行性

随着当前社会背景的变化、物质和科技水平的提高，越来越多的领域开始向服务设计转变。下面概括论述了服务设计理念引入乡村文旅创意产业系统的可行性。

第一，服务设计是多方面相互结合，包含产品设计、社会学、环境学、工商管理、人文科学、平面设计等跨领域的学科内容，因此，服务设计对乡村文旅创意产业系统中农产品、旅游、手工艺体验、民俗文化传承等要素发展都会起到指导作用。

第二，服务设计源于我们的日常生活，要树立以用户为中心的设计观，了解用户的需求和认知能力，迎合如今消费者在服务中所占的重要地位。

第三，服务在很多方面都涉及利益问题，而服务设计不仅要从用户方面考虑利益，也要从服务提供者的角度来考虑，确保利益相关者之间的相互协调，保障他们的利益最大化。在乡村文旅创意产业系统中，投资者、开发者、当地村民、用户等都是利益的相关者。在服务设计理念下，对利益相关者进行了科学管理。

第四，服务设计是为了更好地更新和调整服务流程，能以准确的方式来设计服务过程中每个接触点的设置和衔接，其服务过程具备一定的可控性，将服务过程中所产生的有意识和无意识行为控制在一定的范围内，从而确保服务设计的品质特色。在乡村文旅创意产业系统中，服务过程包括服务前期、服务中期、服务后期，在这个过程中，包括多个服务接触点的连接和节奏的把握，不仅要综合用户实际需求和体验，也要把当地乡村的具体资源、技术水平、人力资源作为考虑因素。

（二）服务设计的基本原则

1. 以用户为中心的原则

服务设计中最重要的一个原则是以用户为中心，是指在服务设计过程中，需要对用户有真实、具体的了解，并对他们的需求进行深入分析，立足于用户的角度和他们不同的服务体验以及背景来考虑，也是服务设计过程中基本的构建要素。若该过程没有用户与服务提供商的沟通交流，那么该服务是不能被创造出来并运营的。服务之所以被推荐和频繁地使用，其主要是因为该服务能满足用户真正的内在需求。

在服务设计过程中，我们需要将用户放在中心位置。尽管我们对用户的动机、背景、习惯等方面有深入的了解，但我们还是应该尝试扮演用户的角色。如果不能满足用户的体验，没有革新，不能提供更好的服务，那么乡村文旅创意产业系统的发展将会一直处于滞后的局面。所以，一切服务设计的出发点要贯彻以用户为中心的原则。

2. 共同创造原则

服务设计中所倡导的共同创造原则是至关重要的。所谓共同创造原则，即我们需要将提供、创造以及消费服务的利益相关者考虑在服务设计的过程中。共同创造原则亦是服务设计的基础。在服务设计中，我们提出的关于服务设计的想法和完善方法，都涉及与之相关的不同的用户群体、不同岗位的员工以及其他参与明确服务定位的利益相关者，这些群体有着不同的期望和需求。与此同时，从不同利益相关者的角度来说，他们的共同参与协调，也提供了多方面的见解和方法。

3. 按顺序执行原则

服务设计是遵循顺序安排发生的动态过程。其安排服务的节奏是非常重要的，如果节奏安排得过快，会使客户产生焦虑感；如果节奏安排得过慢，则会使客户产生抑郁感。因此，节奏的把握至关重要。服务设计是由单向触点和互动的过程构建的，包括人与机器、人与人以及机器与机器之间，它们是一系列连续动态的活动，这些活动连接起来便是服务。

4. 实体化的物品与证据

服务的实体化是依据服务的内在联系和接触点次序被设计出来的，也被称为服务的可视性原则。实体化的物品的设计要贴合用户的视角，保证其实体化的合理性，否则不但达不到用户满意的程度，也会降低自身的口碑。日常我们了解和熟知的服务实体化的物品包括纪念品、标牌、账单等，这些可以提升用户的情感体验。

（三）服务设计理念的应用范畴

通过以上服务设计理念引入乡村文旅创意产业系统性设计的可行性分析和总结可以看出，依据乡村实际发展的现状，以服务作为切入点的乡村文旅创意产业系统性设计已经成为发展的主要指向趋势。我们要利用服务设计理念实现乡村文旅创意产业系统的可持续发展，并更加贴合用户的需求和体验。下面将服务设计理念在乡村系统性设计的应用范畴分为三个方面来论述：

1. 乡村文旅创意产业服务系统构建

将服务设计理念融入乡村文旅创意产业系统，使其能构建出相对完善的服务系统。首先，服务系统的构建应主要考虑用户和当地村民，了解用户在服务体验中的实际需求和期望，如乡村基础设施体验、生态环境体验等。其次，村民也要参与到服务体验中，有效地对乡村特色进行推广，如对乡村旅游提供导视服务以及提供呈现当地乡村特色人文民俗等服务。

服务设计理念的融入，使乡村文旅创意产业服务系统构建中的乡村闲置资源得到合理的规划和可持续的发展。将乡村闲置资源依据具体情况集中进行统一的服务管理和整合，并采取线下和线上相结合的服务设计，营造出全方位、立体化的体验环境，增加用户体验范围和服务设计理念，给乡村文旅创意产业系统带来附加值。

2. 乡村文旅创意产业产品设计

乡村文旅创意产业产品的设计关乎乡村文旅创意产业系统的推广，在当前形势下，乡村文旅创意产业产品如何更好地迎合用户，是我们需要面对和解决的问题，需要在设计文旅创意产业产品之初，就对当地的乡村人文情怀、民族特色、自然生态环境进行深入的实地考察和分析。提取具有乡村特色代表性的文化符号、独特的材料、民俗元素等融入产品设计中，使产品深得用户的喜爱，也更具有独特性。与此同时，基于服务设计理念的乡村文旅创意产业产品设计应该符合当代用户的生活习惯和大部分群体的消费水平，所以乡村文旅创意产业产品设计在具备本土性特色的同时，也要具备大众性和广泛性，只有这样，乡村文旅创意产业产品才能得到更好的推广和发展。

3. 乡村文旅创意产业服务平台设计

乡村文旅创意产业服务平台设计是乡村服务系统建设中不可缺少的因素，它是用户以及当地村民之间交流的有形载体。将服务设计理念融入其中，乡村文旅创意产业服务平台便可以给用户提供有效直观的服务。服务平台的设计是线下和线上的有机结合。线下服务平台如建立用户接待中心、合作社等，方便用户对乡村各个系统要素的了解和体验。线上服务平台是乡村文旅创意产业系统中的各个方面与网络相连接，在乡村的导视设计上，通过线上服务平台可以清晰、准确地了解用户所处位置、周边可以提供哪些服务项目，用户可以通过线上信息的提示并根据自己不同的需求选择了解和体验不同服务。在乡村品牌的建设和推广上，线上服务平台大力宣传该乡村文化及品牌形象，同时也让乡村文旅创意产业系统在发展过程中得到更多用户的关注以及吸引更多的艺术家、设计师、企业家等不同领域的人参与其中，为建设美丽乡村做出贡献。

第四节　乡村文旅创意产品概述

一、乡村文旅创意产品的概念与特性

（一）乡村文旅创意产品的概念

在推动乡村旅游发展时，各种传统的乡村文化元素和文化基因提供了源源不断的创意，可以将其转化为经济实惠的文化产品。近年来，旅游产业对文化创意产品的开发越来越受关注，这些产品也被称为文旅商品。联合国教科文组织的描述表明，文化产品是建立在思想、象征和生活方式上的消费品。这些产品不仅提供了信息和娱乐，还能够促进人们的群体认同，并对文化行为产生影响。文化创意产品相较于文化产品突出了创意理念，凝聚了个人、团体的智慧与灵感，创造性地重塑产品的文化内涵，通过差异化和个性化的改造满足消费者对商品的需求和文化情感。文化创意产品可视为文化产品与创意理念的融合，文化是创意的源泉，创意使文化更具活力。文化创意产品不仅要在外在形象上体现设计性，还要在内在层次上展现深度的文化精神，从而更好地与消费者建立情感联系，传递文化内涵。

乡村发展与文化遗产息息相关，因此乡村文旅创意产品在乡村的发展中是非常重要的。这些产品是历史文化的具体体现，也是物质文化的核心表达，在强调独特风格、推广文化的同时也能促进乡村旅游的发展。

（二）乡村文旅创意产品的特性

1. 创新独特性

文旅创意产品强调创新，无论是形式还是内容都要具有独特性，这样才能在千篇一律的商品中脱颖而出，满足消费者的个性化、多样化需求。乡村文旅创意产品独特性的背后是文化的特殊性，通过独特的产品设计展现地域特色，才能避免现代设计带来的同质化现象。乡村文化的丰富性和不可替代性能形成众多创新点，从而为文旅创意产品的设计开发提供思路，形成独一无二的文旅创意产品。

2.文化关联性

文旅创意产品的创意理念以文化为基础，独特的文化是乡村文旅创意产品的核心。乡村文旅创意产品对地域文化进行深入研究后，将其以独特的符号形式传递给消费者，从而唤起消费者的文化认同感和情感记忆。乡村文旅创意产品能使消费者联想到消费的文化场所，在一定程度上起到宣传地域文化的作用。乡村文旅创意产品能够体现乡土风情、传统文化，并且有利于促进当地文化传播、树立文化自信。

3.艺术性与实用性兼备

文旅创意产品的外在形态应符合形式美的法则，与当代审美相适应，在产品设计上应充分把握材质、配色、纹样的搭配，使文创产品具有较高的艺术性。与此同时，消费者在购买产品时，更倾向于具有实用价值的商品，因此文创产品在设计时应考虑贴近消费者的生活，在具有美观性和纪念意义的同时也要具备一定的实用性。

二、乡村文旅创意产品类型

围绕乡村文化创意可以开发经营的创意产品类型多、内涵丰富，既可以是具有乡土特色的农副产品、手工艺品、旅游纪念品、日常消费品、体验服务，也可以是与乡村文化相关的衍生品，要想满足游客日益差异化、个性化和时尚化的需求，乡村旅游中的文化创意产品需要兼备本地性、文化性和创意性，要将市场知识、经营智慧和创意灵感等融入乡村旅游商品中，增强乡村旅游特色。

（一）特色农副产品

农副产品是指由农业生产带来的副产品，包括农、林、牧、副、渔五业产品，具体分为粮食、经济作物、竹木材、禽畜产品及调味品、药材、土副产品、水产品等若干大类，每个大类下又分为若干小类。农副产品与文化创意相融合，除了在品种、颜色等方面进行创新外，还可以将乡村文化融入农副产品的包装设计中，提高农副产品的附加价值。通常这类文创产品定位于高端市场，包装材质多使用本地的绿色材料，可循环使用，保护生态，在包装设计上尽可能体现本土元素，贴合消费者的审美需求。农副产品富有特色的包装设计，承载着游客乡村旅游的记忆，展现了乡村旅游的形象，富含情感价值。

台湾地区在文创农业的发展上取得了显著成就，不仅重视产品的外在包装，还赋予了产品深刻的文化内涵，从而与游客产生情感共鸣，加深情感记忆。古迈茶园位于梨山的原始黑森林，茶叶包装颜色以霁青色为主，象征着雨过天晴的森林天空，通过版画刻画出茶园景致，展现出幸福、自由、无忧无虑的山林生活。马祖外岛的芹壁村以金银花闻名，结合当地文化设计专属包装，与其他特色农副产品一起作为组合包装，融入闽东花岗岩石屋元素，颇具民族气息。可见，农副产品的包装设计要深入挖掘当地文化，通过符号化的形式表现出来，使农副产品具有更强的感染力。

（二）传统手工艺品

随着非物质文化遗产申报工作不断推广，传统手工艺品越来越受到人们的重视。乡村手工艺品是乡村生活方式的体现，其特色是传统手工艺和文化记忆。手工艺品的种类繁多，如泥塑、剪纸、刺绣、服饰、玩具等。传统手工艺品凝聚了古人的智慧和创造力，部分手工艺品由于做工烦琐、实用性不强，逐渐淡出人们的生活。因而需要对其进行现代化的改造，使传统手工艺品适应新时代的审美需求和使用需求，从而吸引消费者的关注。传统手工艺品的设计要以创新的艺术手段表现出来。陕西千阳县的千阳刺绣源远流长，具有鲜明的地方特色和历史渊源。千阳刺绣的元素来源于当地的民俗文化和传统，颜色大胆夸张，题材以老虎枕、青蛙枕、虎头帽等居多，寓意保佑老人、孩童吉祥安康。古老的刺绣元素与现代设计相结合，符合现代审美的同时也保留了人们对美好生活的期望，有利于形成新的潮流。如今千阳刺绣产品热销海内外，知名度和美誉度也得到了大幅提升。

（三）文化创意衍生品

文化创意衍生品主要包括利用原生艺术品的符号意义、美学特征、文化元素，将原生艺术品的文化元素与产品本身的创意相结合，形成的一种新型文化创意产品。常见的文化创意衍生品包括具有当地元素的明信片、书签、冰箱贴、书籍等纪念品。乡村文化创意衍生品区别于一般产品的地方是其承载着丰富的历史记忆和文化传承。在合理提取乡村文化概念的基础上，选择合适的文化载体进行表象化、脉络化、灵魂化的开发设计，打造符合现代潮流的产品造型。比如，在嘉兴秀洲，农民画的衍生品设计主要包括提取独特颜色、开发相关书籍、打造农民画IP形象，秀洲农民画鲜艳独特的色彩搭配又被应用到其产品包装上，让人眼前一亮。除此之外，秀洲农民画艳丽的色彩元素还可应用于日常生活的各种用具中，增强人们的视觉享受。农民画与儿童画在艺术表现上有异曲同工之处，可以通过书籍读物，让人们感受到农民画的魅力。多种衍生产品使秀洲农民画形成了品牌IP，这不仅能促进其本身的发展，还能与其衍生品形成良性循环。

（四）创意生活用品

乡村创意生活用品源于农村的生产、生活用品，在此基础上进行创意开发，从而形成深受消费者喜爱的乡村旅游产品。乡村创意生活用品既有观赏性，又有实用性，具有地方特色和纪念意义。乡村创意生活用品的材质大多取材于大自然，如竹、木、石、草等原材料可制成竹帛、陶瓷器、漆器等。在成都"非遗"文化节中的瓷胎竹编，以竹子为原材料，手工编制精细的竹丝依照瓷胎成形，可应用到现代家居设计中，具有不变色、不变形、可清洗的特征，蕴含深刻文化内涵的同时具有较大的实用价值。除此之外，乡村创意生活用品还可由原有的乡村生活用品演变而来，如三峡地区的民间刺绣，过去常用于生活中的灯罩、门帘等，如今，这些用品看上去失去了实用价值，但将其刺绣元素应用到杯垫、冰箱贴等生活用品上，又会受到人们的喜爱。乡村创意生活用品将乡村文化符号应用到生活用品中，追求实用的同时更加符合现代化的审美需求，体现了乡村的生态性和文化性。

（五）文化创意体验产品

乡村文化创意体验产品指能让游客进行农事体验、民俗体验、手工体验等的项目。传统的乡村旅游以吃农家饭、住民宿为主，游客缺乏深度体验。

对体验项目进行创新，可以从乡村的基础设施入手，利用当地空闲的房屋和土地，打造具有当地特色的农事活动，游客在其中可以体验农耕活动、农副产品的制作、传统手工艺品的制作等，提高人们在乡村旅游中的参与度，进而优化人们的体验。这些体验活动既能加强游客对当地文化的认知，也能激起人们购买当地特色商品的兴趣。除此之外，针对节庆活动进行营销策划，创新乡村文化主题活动，让游客获得更多感知和体验。

苏南地区的乡村摄影如今成为一种新的体验产品。苏南地区风景独特，充满古色古香的江南水乡韵味，身着传统服饰在江南水乡风景中漫步，别有一番风味。乡村摄影为游客提供服饰、妆容以及专业摄影师的私人定制服务，拍摄过程中设计相关剧情，使游客在拍摄过程中享有"沉浸式"的体验。乡村摄影能够让人们感受到乡村的特色，以身临其境的方式体验乡村文化。

（六）乡村记忆档案

乡村记忆是以乡村为基础，在时代变迁过程中保留下来的属于特定区域居民的共同记忆。乡村记忆档案是传统乡村档案管理和乡村记忆有机融合的产物，具有丰富的文化内涵、记忆特征和地域特色。乡村记忆档案文创产品将乡村记忆档案中的历史文化要素附着在实体商品或服务上，从而满足大众对乡村文化的需求。乡村记忆档案文创产品包括影音制品、书籍等出版物，以及具有较高文化价值的档案资料复制品等。乡村记忆档案文创产品是乡村生活符号化的体现，可提高公众的关注度，成为乡村的特色记忆名片。

三、乡村文旅创意产品设计开发的价值

（一）经济价值的创造

经济价值是衡量设计产品创造商业利益水平的一把标尺。在旅游文创产业中，乡村文旅创意产品是乡村旅游中必不可少的消费品。作为流通于市场的旅游商品，乡村文旅创意产品必然要遵循一般价值规律，在符合市场经济规律的基础上，通过等价交换的方式使自身价值体现出来。因此，乡村文旅创意产品的设计开发对于经济价值的创造显得尤为重要。随着经济社会的发展和人们消费水平的不断提高，将乡村文化符号和地区标识作为主要文化元素进行创意设计转换成为开发乡村文旅创意产品的重要手段，通过对乡村旅游资源的挖掘与提炼，设计开发具有乡村特色的旅游产品，如生活类、纪念品类、农产品类等旅游文创产品，再通过一定的营销手段，将产品售出转化为经济效益，可以带动乡村地区经济的发展。从经济层面来讲，要以多产业融合发展为手段，以乡村产业发展服务民生需求，实现"设计兴农、文化富民"，为乡村振兴助一臂之力，通过注入具有文化内涵

的创意元素,来增加文创产品附加价值,激发游客对特色乡村文旅创意产品的消费需求,促进当地经济发展。

（二）审美价值的体现

审美价值是指满足人们某种需要或使人们感到愉悦的东西,乡村旅游文创产品的审美价值是区别于一般旅游纪念品的特殊价值之一。乡村文化是人类历史上最深厚的文化,乡村历史文化资源无不体现着乡村之美。这种美学精神,经过了漫长的文化积淀和精神传承。立足地域文化特色的乡村文旅创意产品设计应紧跟现代审美趋势,通过产品形态、色彩、质感等的艺术表现语言和设计形式,探究乡村元素与文创产品设计相结合的审美表现,使文创产品兼具时代美感和乡村特色。乡村是人类最早生活的地方,保留了大量的乡村景观,有代代相传的历史传说、民间故事、风俗习惯和传统手工艺,这些乡村文化资源成为乡村最宝贵的资产。乡村之美也体现在乡村建筑风格之美,乡村传统建筑是村落最重要的场所,不同地域的乡村建筑形态各有特点,乡村建筑见证了民俗风情和传统村落风貌,展示了不同地区的艺术、美学和工艺技艺,在这样的文化背景下设计出来的乡村文旅创意产品一定是包含着乡村之美的。

（三）文化价值的传播

文化价值是乡村文旅创意产品设计价值的核心,从文化层面来说,乡村文化是中华传统文化的根基,承载着深厚而璀璨的中华历史文明,是凝聚乡村记忆的精神家园。乡村文旅创意产品设计转化为反映乡村风貌、生活智慧、地域特色、民俗风情的实用创意产品,这是一种文化价值的体现。乡村文旅创意产品设计融入了地域文化元素,是能满足消费者精神需求的特色产品,体现了乡土风情、生活习俗和劳动人民的智慧。乡村文旅创意产品是在对乡村文化资源的挖掘、提炼和传承的基础上,通过创意设计形成的本土化特色产品,所传达的精神内涵也是"本土文化"的精髓,是符合当代社会审美价值和传达文化精神的设计,这种设计有助于文化价值的传播,能唤起人们的乡村记忆和文化意识。通过文创产品的设计与传播,能让更多人认识到乡村地区更深层次的制度文化和心理文化等,从而提高产品的实用价值和文化价值,激起消费者对乡村旅游文创产品的购买欲望,进而继承和发展乡村特色文化,延伸乡村文化脉络,树立文化自信。

（四）情感价值的共鸣

情感价值是乡村文旅创意产品设计中抽象价值的体现。在新媒体时代背景下，作为一种文化载体的文创产品需要适应时代发展要求，不断创新，满足消费者自我情感价值的乡村文旅创意产品，要让用户找到情感寄托。随着文创产品设计的不断发展和创新，乡村文旅创意产品设计更加注重情感价值的体验，产品多元素融合的设计也越来越多，兼备实用价值、艺术价值和情感价值的产品越来越受到大众喜爱。乡村文旅创意产品中情感体验元素的融入，能提升人们的消费体验，使人们感受到乡土文化和家乡情怀，满足人们情感需求。对于设计师来说，设计呈现完美的乡村文旅创意产品的关键是关注消费者的内心感受，尤其是愉悦的情感体验。在新媒体时代，信息传播速度不断加快，乡村文旅创意产品不仅要在审美上、精神上满足人们的心理需求，将文创产品从实用功能至上转化为个性审美、情感表达至上更为重要。在文创产品设计中，情感表达形式的不断升级，为消费者带来精神的愉悦，融入情感价值的文创产品设计更能契合现代消费者的情感需求和审美认同，在塑造文创产品性格的同时，让文化背后隐藏的人文情感关怀得到无限延伸。

四、乡村文旅创意产品开发途径

乡村旅游的特色在于其环境与游客习惯的城市环境不同，因此乡村文旅创意产品需要充分利用乡村素材，让游客进行深度体验。受气候、文化背景、宗教信仰等方面的影响，我国各地的乡村特色有所不同，如黄土高原的民居多以窑洞为主，内蒙古自治区以蒙古包闻名，西南地区竹楼林立，江浙一带徽派建筑独具特色。乡村文创产品在设计开发时应因地制宜，从各个方面带给游客沉浸式的体验。

（一）深入挖掘乡村地域文化特色

乡村文旅创意产品的成功，关键在于挖掘文化元素。我们需要深入挖掘文化元素，促进整体产品的创新。这样一来，文创产品就可以具备独特的文化内涵和价值。要进行文化元素的创新，通常需要从语音、形状、色彩和行为四个方面进行考虑，其中语音涵盖具有地方特色的语言、戏曲、词汇和声音等。"形状"可以用来描述物体的外形、轮廓、外表，如建筑、山水、图案等。色彩具有独特的区域特点，包括色调和颜色。行为是具有地域特色的表现方式，如民俗习惯等。对不同层面的文化元素进行提炼，在保留其辨识度的基础上融入现代时尚设计，从而更好地创新文创产品。例如，闽南文化的歌仔戏，设计者从歌仔戏中提炼出脸谱的元素，与生肖"虎"相结合，设计出符合现代审美的形象，整个设计精美且富有创意。除此之外，节庆民俗体验也要进行一定的创新，如大连的星台镇每年4月都会举行盛大的清泉寺庙会活动，通过主题策划调动各利益主体参与节庆活动，调动村民参与营造节日氛围，结合当地的文创品牌进行标识设计和吉祥物设计，展现古镇的文化特色和历史性。节庆民俗的创新也要注重真实性，减少表演痕迹，以带给游客更好的旅游体验。

（二）开发系列化乡村文创产品

乡村文旅创意产品可以采用系列化模式，增加产品的种类，尽可能满足消费者多方面的需求。系列化的文创产品更容易树立品牌形象，扩大乡村文旅创意产品的消费群体。系列化的文创产品具有相同的文化内涵和文化形象，它们以不同的形式表现出来，产品之间既有关联又相互分离，共同组合成具有相同文化元素的系列文创产品。乡村文化旅游产品形成系列化组合产品，建立品牌形象后，将大大提高产品的知名度和吸引力，成为乡村文化的特色名片，一定程度上也促进了乡村旅游的发展。宁波的象山茅洋打造"山海水乡，心悦茅洋"的系列文创产品，共含12大类28个品种，都有统一的标识，标识画面以田园绿和海水蓝为主色调，融合乐园主题，展现了茅洋的标志性景点，文创产品包括名片盒、明信片、小镜子、梳子、书签等，具有实用性的同时也承载了当地的文化内涵，是当地宣传推广的特色名片。

（三）注重营销渠道的创新

乡村文旅创意产品是一种情感载体，能满足消费者的情感需求，因此乡村文旅创意产品应该具备诱发消费者情感的元素。设计乡村文旅创意产品时应注重讲好乡村故事，遵循纪念性原则，借助象征等手段，将乡村特有的自然景观、风土人情融入产品中，彰显乡村文化特色，与消费者的情感形成共鸣。除此之外，讲好乡村故事也要重视营销渠道的创新。随着互联网技术的发展，许多乡村文旅创意产品开启了网络上的营销，创立相关的网站或者移动端的软件，更加适合习惯于线上购物的年轻人。例如,"织趣"在移动设备页面设计上以冷色调作为订购页面的主色调,暖色调则作为互动社区的主色调,减少消费者的审美疲劳,提高新鲜感和用户活跃度,除此之外还提供定制产品,满足了消费者的个性化需求。通过建立移动端的软件,乡村文旅创意产品不仅提高了知名度,还加强了消费者对其文化的认知。

第五节 乡村文旅创意产品现状

一、乡村文旅创意产品开发现状

(一)乡村文旅创意产品开发基础

1. 乡村旅游资源丰富

乡村文旅创意产品在市场上具有很大的发展潜力和资源优势,就乡村丰富的资源来说,乡村文旅创意产品的设计一般来自对乡村特色资源的挖掘和提炼。乡村拥有丰富多彩的民俗风情、宜居的优美环境、奇异的自然风光、悠然自得的田园生活、古色古香的标志性建筑、规模宏大的农业生产场景、历史悠久的文物古迹、灿烂悠久的非遗文化。这些乡村性景象共同构成了丰富的乡村旅游资源,为乡村旅游文化创意产业的开发设计提供了不竭的动力。同时,乡村文旅创意产品设计通过对乡村文化资源的提取,丰富乡村文旅创意产品的地域特色和文化内涵,使注入乡村文化血脉的文旅创意产品更加焕发生机与活力,更好地传承与延续乡村特色文化资源。

2. 乡村文化底蕴深厚

乡村拥有着丰富而厚重的物质和精神文化基础,乡土文化、民俗风情、文物古建筑等独特的乡村文化资源成为发展乡村文旅创意产业的重要根基。乡村作为中华文明的载体,有着深厚的文化底蕴,是推动我国实现农业农村现代化和助推乡村振兴的重要一环。中华文明五千年的根基在于农耕文化,习近平总书记指出:"我国农耕文明源远流长、博大精深,是中华优秀传统文化的根。"乡村文化古韵悠长,几千年的文化积淀使乡村具有丰富而珍贵的资源。乡村不仅拥有宝贵的精神文化遗产，还具有大量的乡村旅游资源。乡村蕴含着深厚的艺术文化宝库，记录了中华五千年的文明历程，承载着显著的地域特色和文化特征，乡村文化为乡村文旅创意产业发展提供了珍贵的资源。

3. 乡村历史悠久

乡村地区作为中华文明的发源地，历经各个朝代的发展兴衰，乡村文化旅游资源大部分具有悠久的历史，拥有大量的历史遗迹和文物古迹，荟萃了众多的历史文化精品，拥有众多国家级、省级文物保护单位，乡村地区名人辈出，许多历史文人在乡村留下了大量的文化。其中，乡村地区独特的历史人物和历史故事在乡村民歌、小曲、儿歌、顺口溜等乡村传统歌唱形式中广为流传，许多历史故事和名人轶事在乡村地区家喻户晓。这些历史人物故事使乡村文化内容更加丰富饱满，使乡村精神文明进一步提升，通过乡村文旅创意产品设计的形式对乡村独特的历史人物故事进行挖掘与转化，将会呈现出最具历史文化内涵的文旅创意产品，设计出独具特色的乡村旅游品牌形象。

（二）乡村文旅创意产品开发成果

在文旅融合和乡村振兴的背景下，我国很多乡村借助文化和地域等优势开展文旅创意产品开发工作，取得了一定成就。

例如，广东顺德青田村开发了"此番有礼"文旅创意产品品牌。设计者将青田村文化资源进行元素整合与提取，分析民俗文化的艺术特征，提炼出烧番塔形象、村落环境、自然景观等设计元素。在品牌标识设计上选用烧番塔建筑元素，提取烧番塔举行仪式时的形态，水中的倒影意在表达青田村是传统的水乡村落，是乡村的文化源泉。设计者结合青田村乡村文化、风景等进行辅助图形设计，通过有规律、有节奏的自由重组，设计整合成形式简洁、内容丰富、色彩饱满的插画图形，并应用在办公用品及品牌广告宣传上。此外，设计者还基于"此番有礼"文旅创意产品品牌设计了"成人之美"伴手礼礼盒套装，通过青田村烧番塔传统民俗见证成人仪式，寄寓美好愿望，在设计中通过品牌故事向大众传递乡村民俗文化。"此番有礼"文旅创意产品品牌根据青田村烧番塔成人礼仪活动打造的乡村特色文旅创意品牌，是成人仪式感的体现，也是对乡村文化的记载和传承。

设计师不仅要把产品设计看作一种行为，还要看产品设计是否符合高品质、精包装、文化内涵及情感体验，高标准的要求使人们对当地特色乡村文化留下深刻印象。台湾地区最具代表性的农业文旅创意品牌"掌声谷粒"，其品牌创始人程昀仪夫妇用文字和影像记录的方式探访台湾各地农民，挖掘台湾地区农业本质，逐渐打造"掌声谷粒"农业品牌。其品牌故事和精美的农产品包装成为各种稻米的代言人。"掌声谷粒"系列农产品的外包装设计非常用心，选用简约大方、朴实无华的牛皮纸包装，搭配随性的黑色手写书法体文字，整个包装设计给人质朴纯真的感觉，饱含着对生活和自然的热爱，体现了现代生态设计理念，同时，产品包装设计复古中带着时尚简约之感。"掌声谷粒"包装设计是自然和土地的融合，古朴的产品标识更是对精品稻米的诠释，每一包米都有着不同的名字和故事，如"不愁米""姨丈米"等稻米产品，每种米都能尝出不同的味道，现在"掌声谷粒"开发了米、茶、蜜、酒等四个农产品品牌。

此外，依托当地历史文化资源、传统手工艺资源和非遗文化等建立的文旅创意品牌也很多，受到了广大游客的喜爱。

第二章 乡村文旅创意产品设计理论

本章内容是乡村文旅创意产品设计理论，主要从四个方面进行叙述，分别是传神与达意、创意的表达、意境的表达、情感的表达。它们是乡村文旅创意产品设计的基础。

第一节 传神与达意

一、传神

"传神"是"达意"的递进，只有充分表达出产品的深层含义才能令观者产生文化共鸣，对产品表达的意义心领神会，产生联想。从而使文化旅游产品真正实现满足观者需求，储存用户对旅游过程的回忆、深化对旅游地文化的理解的目的。而这需要产品设计具有丰富的情感语义，要准确把握产品的情感基调。例如，以"中华荔枝谱"为例的旅游纪念品卡通形象在具体设计的过程中，将具有代表性的 14 个荔枝品种作为基础的原型，根据他们独特的果型以及气味和生长特性等，融合当地与荔枝有关的民间传说和历史故事，构建形成一个个生动形象、个性鲜明的卡通形象，并赋予了一定的文化内涵。针对荔枝不同的地域性特点以及水果中所蕴含的潜在文化价值进行提炼，使用简洁的造型以及明快鲜艳的色彩，根据不同荔枝的特点，打造出虚拟的形象，让荔枝的亲和力更高，促进了荔枝文化产品的进一步传播。

这样的设计使乡村文旅创意产品在中国传统文化创新的基础上，能通过搜集、提炼文化符号来使产品的形态以及色彩和工艺等多个方面的设计表达效果进一步呈现，使其满足消费者在物质层面以及精神层面的多种需求，让消费者的内心产生更加真实的感受和记忆，达到传神的目的。

"理"是客观事物运动的规律,"事"是客观事物运动的过程,"情"是客观事物运动的感情因素和"自得之趣"。对物的设计要从"事"着手,因为物存在于"事"之中。"理""情"与"事"的发生,存在着因果联系。

在乡村旅游区购买文化创意产品时,购买者的购买行为会遵照一定的思维模式进行,如商品的质量如何、价格是否合理、是否是自己需要的等。这些符合人的目的、认知和思维的逻辑也就是事之理。其规律是我们进行产品开发设计首先要考虑的。而决定用户是否实现购买活动的还有用户的情感因素,也就是事之情。在情感性行为中,人的"目的性"在意识之外。他可能处于一时冲动或习以为常的状态,一种非理性的思维状态。由环境中的某物勾起回忆或产生共鸣,于是突然决定购买;因个人喜好而购买;因商品的独一无二或商品打折促销产生购买冲动;这些非理性因素对用户购买纪念品产生潜在影响。对于情感因素的把握是旅游产品能否打动人的关键。

例如,"良渚历险游记"中的"良渚古城"地图设计。良渚文明是新石器时代环太湖地区文化发展的巅峰。良渚文化中集中展现先民们物质和精神文化遗存的纹饰、器物、风物人情及飞天神鸟赋予了现代设计源源不断的生命力,提取良渚文化的元素特征并将其融入不同文旅创意产品设计中,定能打造出受消费者喜爱的设计作品,良渚古城地图就是其中之一。该地图由良渚当地的 27 个考古点串联而成,地图的设计灵感来自古城的宫城规划,用还原古城排布的方式凸显良渚古城在整个良渚文化中的重要性。地图中呈现的绘画图案参考孟菲斯设计风格,将具有代表性的出土器物如玉钺、高节琮、玉三叉形器等,用几何线条构成轮廓,并调整为平面视角,增添了地图的巧妙性和趣味性。地图中心的画面设计采用了现代审美的潮流配色,并添加了良渚 IP、良渚 MONOPLY 等元素,从极具现代感的视角传达了原始文化中最鲜活的生命气息,使良渚文化在不同时空焕发出不一样的生命力。同时,个性的设计展现方式也吸引了消费者的注意,很大程度上促成了游客在景区的高频消费。

(一)情感元素分析

与用户产生情感共鸣,产品本身需要具有能引起回忆的情感元素。这种元素不一定是产品某种具体形态特征,而是由形态元素创造出作为情感诉求点的民俗文化深层内涵所表达的情境意义产生的。

（二）情感语义的把握

在设计乡村文旅创意产品时，要想准确挖掘出情感元素，需要对所要表达的民俗内涵有深入的理解。将民俗文化的某点作为情境构想的切入点，如为天津庙会设计旅游产品，首先要了解庙会的文化内涵，天津庙会原称"娘娘会"或"天后圣会"，是旧时天津民间极为隆重的民俗活动。它最初仅为祭祀海神——天后娘娘而在其诞辰吉日（农历三月二十三日）举行的庆典仪式。庙会内容丰富，热闹非凡，被很多学者称为"中国人自己的狂欢节"。通过对民俗文化的了解，我们最终将对情感元素的挖掘放到喜庆、热闹上。以此为切入点，再通过情景假设，想象庙会的特色情境，相应的民俗元素符号就可以被提炼出来。

这些符号表达出庙会欢乐、喜庆、纯朴的情感语义。完成对民俗符号的提取，就可以通过提炼、再设计将新的民俗符号应用于旅游产品设计中。

二、达意

能"达意"的设计不仅需要形态极尽所取元素的表意特征，更要使观者与用者能由此作品感受到文化元素深层的意义甚至历史底蕴。

在设计乡村文旅创意产品时，要做到达意，需要深入了解乡村的文化背景和特色。每个乡村都有其独特的历史、传统和故事，这些都是设计时不可或缺的灵感来源。设计师可以通过实地考察、与当地居民交流、收集乡村的传统艺术和手工艺品等方式，来捕捉那些能代表乡村精神和文化内涵的元素。故事性也是乡村文旅创意产品设计中的关键。一个好的故事能为产品赋予更深的情感价值，使消费者在购买产品的同时，也能感受到乡村的魅力和故事。设计师可以通过包装、宣传册，甚至产品本身的设计来讲述这些故事，让消费者在使用产品的过程中，能体验到乡村文化的独特魅力。具体到某个产品上，要从细节入手，既要展现物品所蕴含的神韵与故事性，又要兼顾美观性，大吴泥塑便是很好的例子。

"神"是对人物神态的刻画。所谓画龙须点睛，设计的大体关系建立后，形体的性格界定往往取决于对关键点的归纳、总结是否准确和精练。在大吴泥塑的泥人设计中，对"体""态"的把握为整体，对"神"的控制则为点睛之处，也决定了最终泥人的风格定位。诙谐的、夸张的、严肃的、民俗语义明确的、时尚的等。设计的"达意"是对文旅创意产品形态处理的高层次要求，是能打动用户，准确传达出更多情感诉求的关键。

达意应能准确传达根本意义。如同水浒人物李逵，如何艺术夸张，形态变化终不能失了其彪悍、憨实的根本。在此基础上运用合理、合情的叙事性设计方法，找到"关键孕育性顷刻"，最终完成传神的刻画。设计的达意、传神，正是在实与虚、满与空、多与少间游走，通过逻辑、科学的思辨实现这些重要"度"的考量。

又如，"哏儿"天津餐具旅游产品系列设计，取自天津方言元素，"哏"字是天津方言中的特有语气词，是"有趣、好玩儿"的意思，具有很强的地域特色。天津的曲艺文化发展蓬勃，"太哏了"这一口语表达往往与相声的幽默有异曲同工之妙。该方案将"哏"的字形拆解，将餐具的各个功能与偏旁部首结合，实用性较好。乡村旅游产品的属性就是寄托游客丰富情感的载体，未能体现纪念目的的设计，自然难以立足。

因此，对于乡村文旅创意产品设计而言，要做到"达意"设计的关键在于对意义的把握。

第二节　创意的表达

一、创意表达的原则

以满足用户需求为要求进行的乡村文旅创意产品设计，有以下五条基本设计原则：

（一）设计创意与用户需求统一

乡村文旅创意产品的设计创意必须和用户需求统一。创意是文化创意产品的灵魂，更是价值来源。用户需求是设计的首要目标，一切设计活动的最终目的都是为满足用户需求。满足用户才能赢得用户，赢得用户才能赢得市场。得到用户和市场认可的产品才能体现价值。所以，乡村文旅创意产品的设计创意必须和用户需求达到统一。

（二）创意的奇特性与产品实用性统一

奇特性是指文化创意产品本身的创意奇特的性质。实用性是文化创意产品作为日常用品的本质属性。乡村文旅创意产品的奇特性主要是通过形态、发声等因素和产品使用方式的与众不同而体现的。人们之所以选择文旅创意产品，主要是因为这类产品具有新、奇、特的性质。同时，乡村文旅创意产品要想吸引更多的消费者，赢得消费者的喜爱，就必须兼具实用性，必须能够融入消费者的日常生活当中。所以，设计不能因为追求形态或功能的奇特而牺牲产品本身的实用性，要将这两个看似矛盾的性质统一起来，使其服务于消费者。

（三）创意的奇特性与用户情感的愉悦性统一

用户使用产品时一定期待有个愉快的体验。为了追求刺激而乘坐云霄飞车的乘客不希望被车子上的虫子吓到。同理，即使是为了追求新、奇、特的感觉，购买乡村文旅创意产品的用户也希望有愉快的体验。不论是形态奇特还是使用方式奇特，都不能与提供给用户良好的用户体验相违背。所以，新、奇、特产品的创意设计要遵循创意的奇特性与用户情感的愉悦性统一的原则。

（四）创意设计重视产品细节设计

细节设计是产品对用户在细微之处的关怀，往往能在使用的细节上给用户情感的冲击，使用户留下深刻的印象。而这种贴心的、让用户瞬间感到心灵冲击的满足感就是乡村文旅创意产品设计中细节设计的作用。设计师通过产品上某些细节的设计，提供给用户更美好的使用体验。

（五）创意设计关注用户习惯尺度

产品的使用性能一方面取决于产品是否适合用户特性，如用户的身体特性、生理特性和运动特性；另一方面受到用户使用该产品时使用习惯的制约，不符合用户使用习惯的产品会带来使用的不便，甚至会导致误操作和事故的发生。设计时，关注用户使用习惯的产品可以弥补由于产品特性与用户特性之间的差异而引起的不足。针对由一系列动作组成的使用行为、动作顺序、使用习惯等环节展开设计，是产品设计中不可或缺的程序。

设计师在进行产品创意设计时，一定要关注用户的习惯尺度。如果涉及使用功能、使用方式的创意设计，更是不能遗漏习惯要素，它在一定程度上决定了用户体验的成败，从而决定了产品的成败。习惯存在很大的个体差异，不同人的使用习惯是不同的。如对同一件产品，有的人认为得心应手，有的人却无法习惯。设计师在设计时无须试图满足所有用户的使用习惯，因为这几乎是不可能做到的。但是设计师要针对用户群体的使用行为特质，尽可能多地找到其中相同的要素。

二、创意表达的思路

（一）寻找创新的切入点

乡村文旅创意产品的创意设计中，整个设计思维过程中的第一个转化阶段就是构思阶段。这个阶段将前期调研、构思的设计原点与设计素材整理归纳，并且用具象的语言诠释出来，塑造出了一个完整、生动的具象形态。构思过程也是设计成型的萌芽阶段，这个阶段很重要，它影响了整个产品设计创意的质量。在进行构思前，要清楚地了解设计的主要目的和产品要达到的使用效果。这样，根据前期的分析结果来进行具体的设计构思，设计方向和思路才会清晰、明确。设计来源于生活，创意就在身边，如何从纷繁的事物和现象中寻求创意点，是进行设计的第一步。这里将寻找创新的切入点分为以下三大类：

1. 顺应社会发展趋势，关注热点话题

绿色设计的出现顺应了社会的发展。对于有限的自然资源，绿色设计无异于一剂良药，可以在满足社会发展需求的同时，减少对资源、能源的需求，从而节约资源和能源，实现资源的可持续利用。

2. 从日常生活中发现问题

设计源于生活，设计活跃于日常生活的各个方面。当仔细观察生活时，就会发现有些产品存在一些问题。这时，应该从消费者的生活习惯、消费方式、文化层次、心理需求以及喜爱的色彩、偏向的造型等方面综合考虑，寻求更简单的解决方式。

3. 描绘未来生活

随着社会的进步和人们生活水平的提高，人们对一个产品的要求不再是满足于其使用价值，而是越来越注重产品的附加价值、情感价值、美学价值、个性价值等。

（二）应尊重真实自然，以真为美

设计围绕"人—产品—环境"的关系进行，目的是处理好三者之间的关系。设计的产品不仅要实用，同时注重把物体的美、情感与自然相结合，通过设计唤醒人的真实情感，使人的身心得到最大限度的舒展和放松。设计不仅是设计产品本身，还通过使用过程表达一种平衡、一种美好、一种气氛、一种愉快。

在乡村文旅创意产品设计的过程中，人是向往自由的，如鸟一般翱翔，如鱼一般畅游，人又是向往自然的，在拥抱自然的时候，在每一个人的细胞里都存在默契的兴奋。所以，设计应回归到本性的、自由的、情感的自然元素当中去体验人与自然的和谐。这样设计与自然之间就更加紧密地联系在一起，并促使人的内心深处的情感迸发出来与自然融合在一起，进而达到产品设计的真正目的。

1. 从自然形态中汲取产品的设计创意营养

人是自然界中的物种之一，在与自然界的接触中会与形形色色的动物或植物产生共鸣。仿生设计学的主要研究内容就是研究人与自然的共生，研究生物体和自然界物质存在的外部形态及其象征寓意、功能原理、内部结构等。

在设计中经常通过形态的仿生将作品形象的、生动的、趣味的、亲和的内容塑造出来，通过反映事物独特的本质属性和语义的象征将人、产品和自然统一起来。整个过程是一种哲学构建，表达了物体的理念内涵。

2. 从人类自然行为中汲取产品的设计创意营养

设计的目的不是将其基本的功能作为唯一目标，而是通过将某种新的价值附加到产品的设计中，丰富产品的内涵，提升它的实用价值和精神价值。这就意味着在每一次的设计实践中都应该将人的内在需求作为设计的目标，考虑以某种合理的方式融合到产品的功能和结构中，而不是狂热地追求物质的、技术的、形式的表面存在。

设计应站在人与自然和谐关系的高度，应体现人内心深处的渴求，上升到探讨人与物的哲学关系，是一种设计思想的升华。现在很多企业都建立了人因生活实验室，研究人的生活、人的本质特征、人的情感等，并把这一切转换成设计符号，建立人的行为资料库，进而依据资料设计产品，把产品提升到一个新的、更能产生共鸣的、更贴切的、更默契的品质层次。

3. 从人的自然情感中汲取产品设计创意营养

情感是人类对于外界刺激表现出的一种本能反应，它对人们的生活、思维等方面能产生很大的影响，并在一定程度上决定人的行为方式。在与外界环境交流时，人们会产生两种反应和感性体验，即消极情感和积极情感，其中，因为积极的情感体验对于人们的生活有着重要的意义，所以当代设计师要努力挖掘人对于产品产生的正面的情感体验，最终实现产品的商业价值和文化价值。设计师将情感赋予产品，当消费者与它发生关系时，会通过对它的感受以及对过去类似经验的搜索和比较，再经过对自己的需要和体验所进行的分析等一系列复杂的认知过程，形成对产品的感性认识，进而产生情感的回应。这些情感回应将会回馈和应用到设计师的再设计中。由此可见，设计中引发的生活情感是一种由设计师到产品再到消费者的不断循环的交流过程。

人类的生存离不开形形色色的各类物体，物体是有着真实质感、能被触及的，很多人希望设计师能尽快设计出感觉型的标识。为此，设计师在设计产品时，通过视觉、听觉、触觉、嗅觉等感知方式传达产品信息，使人们在更多方面和层次的知觉体验中感受到愉悦。利用感官特性设计的产品形象更加丰富，更具吸引力和时尚魅力，更容易引起人们心理情感的变化。设计师应该将设计作为人们情感表达和交流的一种依托，努力提高情感化的设计品质，营造良好的社会环境，让人们在设计的背后得到更多关爱与呵护。

4. 从自然材料中汲取产品的设计创意营养

人们追求轻松自然的生活，在设计中追求天然材料，维护生态平衡的消费时尚日益盛行。顺应世界发展，迈向绿色设计时代，"低碳"就是其中经典的名词。绿色设计源于人们对于现代技术文化所引起的环境及生态破坏的反思，体现了设计师的道德和社会责任心。成功的"绿色设计"的产品来自设计师对环境问题的高度关注，是设计师在设计和开发过程中自身经验和知识的创造性结晶。设计主题和发展趋势围绕绿色设计的理念和方法，以节约资源和保护环境为宗旨，它强调保护自然生态，充分利用资源，以人为本，善待环境。

绿色设计的第一步便是材料的选择。绿色材料是指在满足一般功能要求的前提下，具有良好的环境兼容性的材料。绿色材料在制造、使用以及用后回收或再生等生命周期的各阶段都具有最大的资源利用率和最小的环境影响。

在创意设计过程中，应运用现代的艺术表达方式，将原生态材料的性质表现出来。比如，产品创意设计过程中，很多产品可以用竹子作为主导外壳材料。竹材相较于生长周期漫长的木材而言，是一种非常难得的天然绿色材料。竹子具有生命周期短、生长快速和利于回收的特性，3~4年就可成材，且一根竹子可繁殖出200根竹子，非常值得开采、利用。

（三）尊重科学，在自然规律中寻找产品的设计创意

在生活中有很多事物的美妙之处需要我们去发现。我们要观察自然，揭示自然界发生的现象和过程的实质，进而把握这些现象和过程的规律性，通过对大自然中的物理现象、化学现象、生命现象等的研究、探索，寻找设计创意灵感。比如，可以利用雨水或形成的冷凝水创意设计一些产品，利用物理中光的反射和折射创意设计一些产品等。

三、创意表达的方法

（一）感官要素创意设计

创意的感官体验是针对产品的五感（视觉、听觉、触觉、嗅觉和味觉）进行的设计。乡村文旅创意产品的感官元素创意设计旨在让人在第一时间接触产品时，感觉到其与众不同的创新，给人一种既意外又合理的感受。要让设计创意跳脱传统思维模式，我们可以尝试将各种各样的元素融合在一起，创造出独特且不同寻常的感官体验。这可能包括将看似毫不相关的元素组合在一起，或者在设计过程中探索诸多的可能性。为了应用这种思维，我们可以采用三种主要的创意技巧，包括维度转化、视觉错位和概念置换。

1. 维度转化

创作创意产品的方法之一是将二维图形转化为三维立体形式或将三维立体形式转化为二维图形，转化过程可细分为立体化和平面化两种方式。立体化指的是将平面图形进行变换、延伸或折叠等操作，使其具备三维立体的形态。平面化是将原本三维的物体，通过提取其轮廓、线条或剪影等元素，使其呈现出平面化的效果。这种处理方法是相对于保留物体原有的三维形态而言的。简单来说，我们可以把原本平面化的东西变成有立体感的，反过来，我们也可以把本来有立体感

的产品变成平面化的,这种转化会给人一种独特的感觉。例如,由于体积小巧、方便折叠,折叠太阳能灯笼可轻松收纳在口袋中。设计师运用维度转化的技法进行创新设计,使灯具在折叠时呈现平面化的形态,异于常规的立体灯具,赋予设计独特的色彩和感官享受。

2. 视觉错位

视觉错位设计方案不仅可以使产品更便于携带,也更加节省空间,实用性倍增。利用视觉特性,创造出视觉错位效果,从而巧妙地设计出产品造型的创意。通过运用错位效果,我们可以在产品的外形与人们心中对其的既定印象之间制造出一些令人意外的联系和启示,从而展现出创新设计的原创性和新颖性。具体的表现方式是让视觉形态相互交织,将不同的物品联系在一起。这种交织可以通过运用痕迹、滴落、漂浮、揭示内部、打破平衡等手段来实现。例如,一盏创意台灯,采用视觉错位设计方法,会让人感受到奇妙的效果。台灯的灯座部分呈现出倒水的形态,让人联想到灯罩内依然有水,仿佛看到杯子被空中的"水"所支撑,这种独特的设计赋予了产品一种奇特的观感。从观察这个产品的角度来看,这种创新的设计方法运用了视觉错位的原理,从而让用户感受到独特有趣的体验。

3. 概念置换

概念置换是一种创造新颖感的方法,将一个产品的传统概念与另一个产品的惯例相结合,从而创造出一种全新的感觉。如果我们将"维度转化"和"视觉错位"视为应用于视觉设计的手段,那么"概念置换"则是一种广泛用于五官体验的设计策略。声音、气味、质感的更换可以成为设计师进行创意设计的手段,从而影响其他感官要素。例如,在创新的设计中,发泄锤子利用声音的变化产生独特的效果,仿佛破碎的玻璃般嘹亮清脆,给使用者带来新奇的感受。

概念的替换设计方法不局限于替换材料,还可以通过替换体积、色彩、功能、造型以及产品中蕴含的多层文化等多种方式进行。

(二)功能机构要素创意设计

功能机构要素创意设计是针对产品的功能、结构和机构等要素进行的创意设计。在设计乡村旅游创意产品时,更加注重创新产品功能方面的设计。在设计功能机构要素时,通常可以采用以下三种常见的创意方法:

1. 功能转化

创意设计中的功能转化是指通过重新设计产品的功能和用途，达到创新的目的。具体来说，有四种常见的转化方式，即将多个功能叠加在一起，将一个功能拆分成多个部分，将一个功能替换成另一个功能以及去掉产品中不必要的功能。

功能叠加是将多项功能整合在一起。乡村文旅创意产品通常会将多种功能结合在一起，运用感官元素进行创意设计，以打造出独特的产品。这样设计的目的是让产品更加吸引人。功能拆分是将产品的原始功能分解为更具体、更细致的多个功能，以使产品更具多样性。通过采用功能置换的设计方法，着眼于产品外观和功能之间的差异化，为用户创造独特的使用感受。在产品设计中，功能分离是一种常用的方法，通过分离一些具有实用功能的元素，从而提高产品的创新性和艺术性。

2. 功能再细化

细分功能是一种设计方法，针对产品的使用功能进行详细的拆分和细化。精细化功能的目的之一是增强工作效率。若要把工作做好，就需要选择最适合该工作的工具。因为专为某项工作量身打造的工具，一定更方便、更实用。举例来说，有些工具专门用来切苹果、剥橙子等，这些工具实质上是水果刀的一种，这些家庭用品的特别版本在保持使用方便的同时使工作效率更高。另外，这样做也是为了让产品更具人性化的特点，增加趣味性，并赋予其更多的创新功能。

3. 功能创新

在设计中创造性地突破和提升功能的使用体验被称为功能创新。设计过程需要较长的时间，设计创意的成本较高，且存在较大的风险。当然，在创新设计功能方面，还可以通过购买专利来实现。通过对发明家发明专利的感官元素进行设计，优化专利的人机交互性和便利性，以便更快地开发设计适合乡村旅游市场的产品。

（三）使用交互要素创意设计

创意设计可以通过交互要素来提高产品的可用性、易用性和用户体验的满意度。可以将创意的重点放在以下三个方面：

1. 创意奇特的使用方式

针对使用方式的奇特创意旨在改变产品惯有的操作方式和工作方式，从而带给用户奇特的感觉。例如，竹编猫窝。竹编工艺是我国传统的手工艺形式，其成品也多用作容器或供儿童把玩的玩具、供人们欣赏的饰品等，将其用于宠物用品制作则开拓了新的应用领域，受到了很多消费者的喜爱。

2. 创意提升交互愉悦性

为了提高用户交互的愉悦性，创意设计应关注产品交互的流畅性以及在交互中带来的愉快体验。这种设计不仅关注产品交互的流畅性，还以操作的乐趣和成功的喜悦为设计灵感。电脑游戏卓越的创意设计最能激发玩家的内心，每次成功通过一关都能带给玩家一种深刻的满足感，进而激发他们进一步的探索欲望。

3. 创意提高工作效率

改进或创新使用方法或使用环境可以增强工作效率。交互创意设计方法的核心是基于用户行为分析来改善产品设计，以提高用户体验并促进产品创新。在设计领域，常用的方法可以分为以用户为核心的设计方法和以行为为核心的设计方法。以用户为核心的设计是在用户需求和目标的引导下进行产品创意设计，设计师需要将用户需求和目标转化为产品创意，以满足用户需求和目标为宗旨。以行为为核心的设计，注重产品实现任务和行动的能力，研究用户的行为并通过为行为提供支持的方式来设计产品创意。设计师的思路是创造能促进行为的工具。将人类行为置于设计研究的中心并融入创新型思维，可以探索出全新的创意设计方法。这些方法可以分为两类：一类侧重于创新使用情境，另一类则注重于创新具体操作方式。

（四）情感趣味要素创意设计

创意的作用是满足消费者在情感和趣味方面的需求，从而增加产品的吸引力。在乡村文旅创意产品的设计中，强调情感和生活趣味的元素创新，目的是激发消费者的情感共鸣和认同，从而实现设计的目标。

1. 情感补偿创意

情感补偿创意是通过设计，满足用户情感需求，给用户提供情感安慰和支持。这种设计被称为"伤口愈合系"设计，意味着它能协助人们在心理和情感上疗伤。设计思路是在调查用户心理需求的基础上，运用简练抽象的语言来表达他们的情感体验。我们可以联想每个词并将其转化为具体的实物，然后选择最佳的构思方案，设计出外形和功能符合用户需求的产品。

2. 情感发泄创意

情感发泄创意是一种为缓解压抑情感而专门设计的产品，它可以满足用户的心理需求，释放心理压力。这种设计的核心思想和情感补偿相似，重要的是将抽象的理念转化为具体可操作的实践。

还可以设计一种产品，专门用于情绪释放。这种产品应该具备双重特性，即在用户使用它进行情绪释放时，它会以形态、声响等展现出被破坏或毁灭的特征。此外，产品的可重复利用性也是其突出的特点，不仅使用户能够多次使用它来释放情感，而且彰显了产品的生命周期长。有一种替代的策略是运用其他产品来满足用户情绪调节的需要，这意味着将一种产品的功能转化为另一种产品的附加特点。这种设计可以采用产品包装和使用后的废弃物等易碎材料作为被破坏物。设计师可以利用夸张产品受损效果的视觉呈现，来满足用户的心理需求。

3. 趣味创意设计

在趣味创意设计中，常常使用以下两种设计方法：

仿生设计，将自然界中的形态和结构运用到设计中；通过赋予物体人类的特点和行为方式，实现拟人化设计。也可以采用卡通化的设计风格，将物品以卡通形象简化。仿生设计的产品兼具视觉和趣味的双重特点。将常见的家居产品进行拟人化设计，可以提高产品的趣味性，让用户感到更亲近。卡通化设计将卡通元素和风格作为基础，创造出具有创意的家居产品。这种设计方法包括应用卡通形态、卡通色彩和卡通图案等多方面的设计手法。同时，也可以将这些设计融合成卡通系列化的家居产品。

卡通系列化可以被细分为两种类型：一种是系列化产品，专注于同一卡通角色；另一种是使用卡通连环画的形式呈现的系列化设计，通常用于产品的色彩和图案。采用卡通系列化的设计策略不仅可以增添设计的趣味性，还可以促进用户购买同一系列的卡通产品，从而延续他们的消费体验。在产品的趣味创意设计中，音效设计和气味设计的重要性是不可忽视的。

（五）社会文化要素创意设计

创意表现形式应对社会文化要素进行创造性表达，包含对社会环境、文化需求、生态环境、时尚潮流等不同方面进行创新。社会文化要素的创意，通常以某个社会文化主题为中心，围绕主题进行创意的展开和发散。这种创意与市面上产品所包含的创意有着明显的不同。在乡村文旅创意产品中，通常会将社会文化元素巧妙地融入其感官设计和功能设计中，以突出其文化特色。创意复古风和创意民俗风等手法则是常见的方法。此外，将绿色和环保理念纳入设计也是这种要素设计的创新方向。

（六）自我性格要素创意设计

创新的自我性格要素创意设计是为了满足消费者越来越突出的个性化和独特化需求。把个人性格元素融入创意设计中，使其与众不同。这个创意的目标人群是那些注重个性表达的消费者，因此，确定用户定位和需求分析是该创意设计的关键任务。为了确保创意设计产品能满足用户的需求，必须精准掌握用户的期望并据此进行设计。目前，在创意设计领域，有三种设计方式涉及自我性格特点，分别是奇特的怪诞设计、独具匠心的个性化设计、自主设计和制作（DIY）。

1. 怪诞设计

怪诞设计的初衷是制造愚人节的恶作剧，但如今已经普及，演变成一些拥有独特情感的礼品和生活用品。在怪诞设计中，我们可以看到许多文化创意产品的灵感来自用幽默解决问题的思维方式。这种产品的设计重点不在于解决问题的能力，而在于它所使用的幽默方式，这是设计中的亮点。这种产品用令人愉悦的方式解决各种生活问题，引导消费者通过提供文化创意体验，转变思维模式和生活方式。

2. 个性化设计

个性化设计通常采用定制式设计，其中一种常见的表现形式是采用模块化设计方法，设计师会提供设计元素，由消费者根据自己的喜好选择并组合产品。这样的定制式设计旨在满足消费者对个性化的需求。另一种新兴的个性化设计方法是互动性设计，即让用户通过参与互动来实现设计。设计师与消费者进行紧密合作，诚邀消费者参与设计的全过程，收集他们的意见和建议，并基于这些反馈选择最终的设计方案。最初，这种设计方法主要用于软件产品界面的设计领域，但如今已广泛应用于日常生活用品的创意设计。使用这种方法设计的产品属于高端生活产品，因此设计费用相对较高且市场覆盖相对较小。

3. DIY 设计

制作自己的设计是展示产品独特性的最佳方式。乡村文旅创意产品的 DIY 设计包括手工制品和自主设计两个方向。

与机织和人工编织的针织品类似,手工制品也可分为纯手工制作和机器大量生产两种制作方式。手工制品具有高品质的特点,因此,这类产品通常被视为高端生活产品,价格较为昂贵。

自主设计是一种产品设计方法,鼓励消费者自主组装所购买的产品。最初,这种设计方法源于宜家家居的创新设计,而如今,它正在逐渐推广应用于各种创意设计的产品中。随着 DIY 的理念逐渐渗透到常规产品设计中,产品结构方式变为拆卸式模块化组件,让用户在喜好的前提下自行组装产品。DIY 设计不仅能够表现 DIY 精神和产品的独特性,还能让用户在组装过程中感受到成就感,同时还可以降低产品生产和运输等方面的开支。

第三节 意境的表达

一、意境表达的基础与关键

(一)意境表达的基础——物境

文化创意实际上源于人类最原始的艺术行为。原始人住在山洞时,就已经懂得用动物的骨头、石头去创造更好的生活了。生产力决定了生产关系,随着生产力的发展,物质资料逐渐丰富,创作的材料、形式就越来越多,物质审美逐步转向普世的经济性,开始"寄情于物",此时物境才出现。物境是对客观存在物的境界描述。在乡村文旅创意产品设计中,物境的设计影响着产品的内涵,更影响着产品意境的表达。

以创意台灯设计为例,"物境"设计要考虑到使用前与使用中灯具的不同状态。未发挥其基本照明功能时,灯具作为装饰物与环境发生关系,构建出素雅、古朴风格的"境"。作为灯具进行照明时,"光与影"作为物新的状态与环境再次发生关系,构建出冷静、幽深的"境"。但两种不同的"物境"都围绕着灯具展开。

物与人的关系是间接的，相对于"情境"与"意境"的表达，"物境"更着意于对"物"所在环境的表达。

再如余杭大径山的"陆羽和茶小僧"系列文旅创意产品。余杭大径山景区位于杭州市主城西北区域，范围包括余杭径山镇、黄湖镇、鸬鸟镇、百丈镇、余杭街道大禹谷和瓶窑镇西部。这里有蜚声海外的禅茶文化，有四季分明的独特景致，有省级名茶径山茶、鸬鸟蜜梨、瓶窑大观山蜜桃、百丈竹产品等本地优质农产品。依托独特的乡域文旅风情和农业产品特色，大径山各村镇结合时尚流行文化，打造了一个个属于各自乡村景区文旅风格的动漫IP形象，每个动漫形象都集乡村优秀文化内涵于一体。"陆羽和茶小僧"系列中，陆羽IP形象从人物的服装、发型到茶具均严谨参考了各类文献，选取最具代表性的陆羽造型，整体的风格唐韵盎然，精准塑造出符合大众认知的"忠于禅心，精于茶道"的形象。茶小僧着色则提取径山万物，融山的灵秀、水的灵韵、茶的灵动、佛的灵气于一体，选取山黛、茶褐、芽绿、竹青等雅致、清逸色系，从禅茶自然之中汲取灵感，将静与动、雅与灵的相和相生在笔墨线条间演绎得淋漓尽致。借助茶小僧动漫IP形象，余杭大径山也开发了很多文旅创意产品，如茶小酥、茶小僧玩偶等。

以上所列文旅创意产品，是对"物境"中"物"如何发挥作用与环境发生碰撞的优秀设计案例。

（二）意境表达的关键——情境

"情境"的建立需要设计者与用户通过设计物这个中间渠道实现情感的共鸣。具体来讲，被设计的物类似一个信息的传输通道，传递设计者想要表达的情感、态度等。而设计者传达的所有信息在经过传输通道时，由于不同的文化背景、社会经历、行为习惯等因素的影响而损失了部分信息后将剩余信息传递给了用户。用户看到最终产品并去理解设计者意图，不是通过产品身上的标识或文字，而是产品带有的各种设计符号。利用符号具有的意义，用户根据自身经历与认知经验对产品具有的意义展开联想，并最终完成由设计者向用户传达意义的过程。作为用户对作品形象由感性直觉上升到判断理解的中介，联想在符号信息认知过程中是一个关键性、枢纽性的心理形式。产生联想的基础是事物之间的相关性及其连带关系。联想是对事物固有的内在联系或外在联系的反映，当事物与事物之间或者事物若干特性之间的必然联系被人们熟知、记忆后，便形成了相关联的记忆、经验。

例如紫砂荷趣套壶。整套器具上都饰有荷叶的纹路和"水滴"纹，茶壶被荷叶包裹着，茶杯开口也做成了荷叶边的形状，能让人充分联想到夏日荷塘中茂密的荷叶以及雨后荷塘边的清新景色。设计者的意图被用户准确地接收，信息在传输过程中的损失极小。可见，巧妙利用人的认知经验，构建相应的语义情境，对用户理解我们的设计至关重要。

已有的认知经验会对人造成影响，合理、巧妙地利用人们熟知的符号引导人们联想，建立相应的"情境"，将会完成更多优秀的设计。

苏州市树山村的"树山守"IP 形象设计及文旅创意衍生产品也很好地利用了"情境"建立。"树山守"是当地的守护神兽，守护着树山村的一草一木，守护村民岁岁平安。当地人对"树山守"的故事十分熟悉。在见到"树山守"相关的产品时，就会不由自主地联想到守护、平安等寓意，从而诱发人们购买的欲望。"树山守"文旅创意衍生产品的研发设计，通过 3D 技术创造了立体的玩偶形象，平面造型则应用在杯垫、笔记本、杯具、T 恤衫等产品中。

又如南浔区湖小羊系列产品，设计师准确抓住了羊的局部特征，结合文化元素，将人们熟知的关联性记忆与羊的形体结合，巧妙构思后引导用户产生喜悦、吉祥等联想。顺利完成设计者与用户之间的信息传递，被设计的"物"为"情境"建立完成重要的一步。

（三）设计中物境与情境的对比

至此，我们总结了设计表达中"物境"与"情境"是如何加深产品内涵的。那么设计中的"物境"与"情境"究竟是如何界定的呢？刘禹锡对"境"做了明确的规定：境生于象外。

"象外"在美学领域的应用，如南朝的谢赫《古画品录》中提道："若拘以体物，则未见精粹；若取之象外，方厌膏腴，可谓微妙也。""境生于象外"强调的是突破有限形象而存在的某种无限之"象"，是虚实结合的"象"。至此，对"境"在设计领域的应用、理解可以总结为："境"是超越承载"境"而存在的"物"，并且是具有更加抽象、深刻含义的新的"物"。这种"物"包含有原来"物"的所有物理形态，也包含原始物产生的新的内涵意义所拓展出新的部分。因此，"境"的实质是"虚实结合的象"。这个概念与现代设计理念产品语义学研究中关于产品内涵意义的解释存在相似之处。

产品形式产生的意义与形式本身被重新界定为新的符号存在。产品语义学同样考虑到产品的实在形象与由它产生的引申意义，虚实结合，形成新的符号形式。然而，我国古典美学中的"境——象外之象"绝不等同于西方现代设计理念中的产品语义学的符号内涵意义。中国美学之"境"所界定的范围更广，对情的诉求更加强烈，集中国古典哲学观与宇宙观于其中，对虚实的认识更加深入，不同于产品语义学理论集中于对产品的形式与功能之间关系的挖掘。

突破有限形象的某种无限的"象"，乃"象外之象"。"境"与"象"的区别在于"象"是某种孤立的、有限的物象，而"境"则是大自然或人生的整幅图景。"境"不仅包括"象"，而且包括"象"外的虚空。因此可以说"境"有更加强烈的系统性、整体性。存在于"境"中的时间、空间、人、物、行为、信息，都是"境"的内涵得以表达的关键。对于设计而言，这种思想是颠覆性的。以被设计的"物"为中心，拓展物存在的意义，挖掘物带给人的情感冲击，由物引发怎样的联想等，最大的特点是所有问题的出发点都来自对"物"的分析。设计一把椅子，那么就会围绕椅子展开一系列问题思考。它怎么让人坐着舒服、它的造型要给人怎样的心理感受等。而在"境"的领域中，物不再是孤立的、有限的存在，与物相关的所有要素都成为影响最终设计成形的关键。

在"境"的概念中，境生于象外，是象外之象。决定了"境"将是突破有限形象而存在的某种无限之"象"。这种无限之象是虚实结合的，是由构成"境"的诸要素共同作用的。因此"境"的特质可归纳为：虚实结合，存在动态变化，具有系统性与整体性，各个构成要素共同作用。

"情境"的建立，其核心是更加符合"人之情"，也就是"情境"的建立将能唤起用户更多的情感与之共鸣。构成"事系统"的各个要素都要在建立"情境"的过程中发挥作用，设计者通过分析完整的用户使用过程，得到相应的用户行为过程的七个步骤的数据，进而确定在过程中表现出来的"事系统"中各个要素的关系。了解这些关系后，我们才能结合相应的系统性设计思维方法去确立最终"物"的存在形式来完成"特定情境"下的"事系统"。

"物境"首先围绕着由物构成的系统展开，以协调"物"与构成物的系统中各个元素的关系为重点。所构成的"物境"若想上升为"情境"表达，则需要融入人、时间、人的行为与信息以及物等要素。

二、意境表达的核心

"意境"的建立，其核心在于环境要素的把控，意义在环境中能被准确传达，进而使用户理解设计者所要传达的意思。在王昌龄的《诗格》中对"意境"的界定是"亦张之于意而思之于心，则得其真矣"。

在乡村文旅创意产品设计中，意境的表达是一种艺术，它要求设计者不仅要有深厚的文化底蕴和审美能力，还要能精确地控制环境要素，以此来构建一个能传达特定情感和意义的空间。这种空间不仅仅是物理的，更是心理的，它能引发观者的情感共鸣，激发他们的想象力，使他们能理解并感受到设计者所要传达的深层意义。

"亦张之于意而思之于心"实际上是在强调意境的内在性和深度。一个成功的意境，不是简单地通过视觉元素的堆砌来实现的，而是通过对环境要素的巧妙运用，让人们在心中形成一种深刻的感受和理解。这种感受和理解超越了直接的视觉体验，它需要观者在心中进行思考和想象，从而达到一种心灵的共鸣。

设计师在创造意境时，需要考虑多种因素，如色彩、光线、材质、形态等，这些都是构成环境的基本要素。但更重要的是，设计师需要了解这些要素如何与人的情感和心理状态相互作用。例如，柔和的光线和温暖的色彩可能会营造出一种安静和放松的氛围，而锐利的形态和冷色调可能会给人一种强烈和活跃的感觉。设计师需要根据所要传达的主题和情感，来选择和调整这些要素，以此来创造出富有感染力的意境。

此外，意境的创造还需要设计师具有敏锐的观察力和丰富的想象力。他们需要能观察到人们的行为和反应，理解人们的需求和期望，然后将这些观察和理解转化为具体的设计元素。这不仅是一个技术问题，更是一个艺术问题。设计师需要在技术和艺术之间找到平衡点，用他们的创造力来激发人们的情感和想象力。

总之，意境的建立是文旅创意产品设计中的一个复杂而深刻的过程。它要求设计师具有深厚的文化素养、敏锐的观察力、丰富的想象力以及精确的环境要素控制能力。通过这些能力的综合运用，设计师可以创造出一个能够触动人心、引发共鸣的意境空间，从而使文旅产品不仅是一种物理的存在，更是一种情感和精神的体验。这样的设计，能够真正达到"亦张之于意而思之于心，则得其真矣"的境界。

提升设计内涵之"境"是设计能打动人的关键。旅游产品的设计开发的核心就是对人们在旅游地的所观、所感能够有一个清晰的认识，并且能敏锐地捕捉到能打动人的线索。以此为切入点才能步步为营，使后面的设计分析有的放矢。

第四节　情感的表达

一、情感表达

（一）情感表达的含义

乡村文旅创意产品设计中的情感表达源于产品中的情感设计，它指的是以人和物的情感交流为目的的一种创作行为活动。设计师通过设计手法，对产品的外观、材质、颜色、点、线、面等元素加以整合，使产品能通过形态、声音、寓意、外观形象等各方面影响人的视觉、听觉、触觉进而产生联想，达到人和物的心灵沟通，从而形成共鸣的表达方式。换句话说，设计的情感表达可以让产品带有情感，能与人心灵沟通，产生共鸣。

乡村文旅创意产品作为产品所表达出的功能性，并非以实现其基本物理功能为主体。

文学作品中的"情在词外"的表达是通过有形象感的"文""词"来完成的，而并不是逻辑关系的简单描述。设计作品中所蕴含的情感也不例外，也要依托于一定的载体表现出来，即"形""色"。一方面，情在词外，义生文外，情感的强烈倾向性并不是说一定要通过"文"或"词"直接地表达出来；另一方面，如果完全脱离"文""词"是无法将"情意"表达出来的。要解决这个矛盾，可以通过情感进行表达，即通过"文""词"组成生动的形象。在产品中注入情感，实际上很难找寻到直接具有逻辑关系的形态符号，但是一组恰当的、高贵的情感倾向性的"形态符号群"经过逻辑关系重组之后，可以准确地传达出其中蕴含的"情与意"。

（二）情感表达的影响和应用

情感的表达及情感的尺度可以说是硬币的两面，两者之间的关系是相互依存的。情感表达的魅力表现为对设计内涵意义的含蓄表达，在描绘产品形、色、材时并不是直白的表达，而是通过婉转含蓄的方式去引导用户主动地认识和理解产品的设计理念。

例如，建筑师赖特的流水别墅被美国《时代》杂志称为20世纪最伟大的住宅。住宅的每一个细节设计都在强调建筑自身与周围环境的协调与融洽，整个建筑仿佛从环境中生长出来的一样。流水别墅真正实现了赖特"方山之宅"（house on the mesa）的梦想，传达了"建筑物与大自然融合统一"的思想。流水别墅没有采用包豪斯时代常用的平铺直叙的方式，也没有采用很多装饰性的线条去表达复杂的形态，而是将形体的自然张力融入环境，就像是海中的一轮明月，虽然璀璨耀眼却不会显得跳脱。在一年四季的色彩和不同材质的使用中体现出了产品强大鲜活的生命力，充分演绎了天人合一的境界。流水别墅对"情感表达及尺度"的共同作用效果表达非常明确。一方面，流水别墅本身具有自然生命力，既没有采用平铺直叙的表达方式，也没有用绿叶或树桩、假石的造型直接告诉人们所要表现的对象是自然。流水别墅最为出彩的地方就是它自然的气息及强大的生命力。通过无形的情与意，准确地表现出设计者的创作理念和思想。另一方面，如果完全抛开形象，同样是无法传达"情与意"的。所以说，要想产生可以引起用户情感共鸣的优秀设计，就必须做到对情感表达及表达尺度的把控，协调统一，进而共同作用。

乡村文旅创意产品面对用户，承载着用户对旅游地的情感寄托；面对社会，承载着传承当地的旅游文化、实现经济价值的重任。对乡村文旅创意产品的需求包括审美价值、实用功能、情感互动等各个方面，其角色的多样性决定了它具有多义性。怎样最大限度地表达出这种多义性的同时还要突出重点、主次分明，对于情感表达的多义性理解与应用是特别重要的。设计情感表达的核心是气韵的把握。设计中情感表达尺度把控的关键在于细节的处理。

如云南凤凰城地区的首饰设计，具有鲜明的特色，朴实中透露着精彩，厚重中夹杂着灵巧。

首饰在不同的手艺人手里会展现出不同的性格，有的热情、有的含蓄、有的成熟、有的娟秀、一个个绣片仿佛一位位具有鲜明个性特征的云南女子，充满活力。因设计者在绣片中加入了自己的情意，所以绣片体现出来的"象"可以说是云南女子思想情感的体现。"象"的气韵，源自云南女子对生活及云南自然环境的热爱。

受地域、文化、经验等影响，审美意象蕴含的情感自然不会完全一致，它是繁复的，而非单一的。生活中，人们喜爱某一个事物的原因可能有很多方面，所以，人们天马行空的大胆想象不应该被设计禁锢。情感表达不必太过细腻，设计如果为受众做得太多，反而会缩小人们的想象空间，会在很大程度上减少购买者与旅游文化产品之间产生情感共鸣的机会。

二、情感表达尺度

（一）情感表达尺度的含义

情感表达尺度是对审美意象的一种规定。审美意象应该鲜明生动，可以直接感受。同时情感的尺度在设计中需要体现得恰到好处，尺度把控不好则会影响设计的表达，或粗俗或情感不足，都不利于文化创意的传达，容易引起消费者的反感。

然而，情感表达与尺度的把控并不冲突，其关键在于抓住乡村旅游文化的内涵，将其审美意象通过乡村文旅创意产品的形、色、材进行有机转换。中国有着原生态特征的一些工艺品，例如，云南的瓦猫，造型奇特，有一种古朴之风，看不出刻意雕琢的痕迹，甚至有一些粗糙，不同于当前对美的普遍定义。它的制作加工采用了大而化之的线条。但是，人们在看到它的时候，还是能发现它的美，看到它的灵动和华彩，体会到生命之美。

实际上，云南瓦猫是当地人置于屋脊正中的瓦制饰物，由于其形象与家猫很像而得名，其原形是能食鬼的老虎。它的功能是避邪纳福、镇宅。如今，瓦猫已经成为一种特色鲜明的民俗，广泛流传于云南昆明、楚雄、玉溪、大理、呈贡、曲靖、文山等地。当然，由于不同地区的民俗文化和审美观念等的不同，不同地区瓦猫的形象自然也有着很大的区别。玉溪瓦猫看起来像是留着胡须的巫师，呈贡的瓦猫看起来像是一个天真无邪的孩童，鹤庆的瓦猫造型有一种夸张之感，曲靖的瓦猫则是将八卦夹在了前腿等。瓦猫具有的强大生命力实际上是对美的一种概括，同时也是对情感的认同。

（二）情感表达尺度的影响及应用

想要设计出一件优秀的作品，不仅要具备一定的艺术功底，还要对美有很好的掌控。要求设计者将"美和艺术"融入产品中，使产品具备强大的市场竞争力。特别是对乡村旅游文化产品来说，其特殊的消费人群和开发动机更是决定了设计者要明确"情感尺度"的本质，对其进行系统的分析，充分体现出产品的生动性及可感性，把会与受众产生"强烈情感共鸣"的设计的美逐步融入乡村文旅创意产品的开发当中。

对于旅游地某事件、著名景观、人物的再现，实际上也在乡村旅游文化产品开发范畴之内，而且渐渐地成为重要的开发内容。乡村文旅创意产品要让游客认识和了解当地文化，并形成对当地的印象，这样的产品是具备生动性和可感性的优秀作品，甚至当地人也会由此产生自豪感。

三、情感表达及情感尺度的关系分析

乡村文旅创意产品设计必须让人看得懂，要与用户之间有情感交流，否则是无法满足人们的情感需求的。乡村文旅创意产品具有特殊性，它除了要具备产品的一般特性以外，还要蕴含一定的文化内涵、艺术性，要体现出传统工艺的价值，同时还要满足多层次的情感需求。所以我们反复强调，乡村文旅创意产品设计中的情感表达及情感尺寸的把控尤为关键。

情感表达和情感尺度一方面是设计产品需要具有生动的形象，另一方面是设计产品要将情感隐于产品中，不能过于直白。情感表达与情感尺度从本质上来讲，是相互统一的，同时也是相互对立的。情感表达强烈的同时也夹杂着一些克制，没有平铺直叙的表达，而是通过生动具象的形象将情与意表达出来。

情感是通过特征鲜明、灵动的设计形象来传达的。即使运用了大量华丽的辞藻,也未必会形成"情感表达"恰到好处的艺术形象。因此,创意产品尽管具有形式美,但是并不意味一定是灵动的设计形象。对情感尺度的把握是对设计整体思路及服务于整体细节的表达。那些具有情感尺度特质的产品,可以说是对设计主旨系统、全面、生动的概括。

设计中失去对情感表达尺度掌控的产品,即其成型的各细节没能做到为整体服务,没能与各要素发生关联,它在使用环境中是孤立的,与所处情境并不和谐。

四、情感表达的实现

(一)本能层次

直觉水平是基于人类最直接感觉的信息传递,涉及感觉器官和脑海的信息处理。感觉是认知行为和思维活动的基础。在乡村文旅创意产品设计中,可以从视觉、听觉、嗅觉、味觉和触觉五个层面分析情绪要素,并探讨情绪因子的影响。

1. 视觉感官上的愉悦

眼睛是最主要的感觉器官之一,根据相关研究,人类每天83%的信息是通过眼睛获取的。视觉系统影响着商品的外观和周围环境,包括形状、颜色、光线、材料和重量等。使用者会根据自身经历和认知产生情绪和感受。其中,造型、色彩和材质是对人产生重要情绪作用的要素。

(1)造型

乡村文旅创意产品的形态既展示功能,又符合人们的文化符号与象征意义。设计乡村文旅创意产品时,应有机地抽象乡村特色文化造型、让形态与点线面、体和空间结合,实现外观形态与实际功能的和谐统一。设计形态要素时,结合原始形态和情感,根据乡村文化表达的各部分寓意进行适当处理,避免偏激。

(2)色彩

色彩是文化传承中不可或缺的部分,能传达情感、表达意境和赋予象征意义。它由色相、纯度和明度三个特性组成,是引发愉悦情绪的关键元素。在设计乡村文旅创意产品时,可以将相关色彩与中国传统色彩结合起来。此外,可以在设计中体现出乡村文化的特点和魅力,同时传达出浓厚的中国传统元素。选择低饱和度的治愈系色彩搭配,可以给人一种舒适、放松和宁静的感觉,符合现代消费者对于放松和舒适体验的追求。通过巧妙地运用乡村固有色彩、中国传统色彩与低饱和度的治愈系色彩搭配，设计出独特的乡村文旅创意产品，能够吸引消费者的注意并引发情感共鸣。这样的设计不仅能展现乡村的魅力，也符合现代消费者对于美好、宁静和舒适的追求。

（3）材质

材料是表达产品情感的关键因素，人们对材料有惯性认知。不同材质的特征如颜色、肌理和光泽，形成人们的综合印象。在文创设计中，选择材料时需注重感性成分、生理和心理感受，并避免文化冲突。为创造有意义、有趣味和有价值的产品，宜选用当地材料并结合现代工艺，如设计乡村文旅创意产品时可以使用树叶、柏木等野生材料，融入历史传说和民俗信仰的象征符号。这样的设计可形塑产品与乡土田园的独特地方感知和精神认同，吸引更多游客体验乡村文化魅力。

2. 非视觉感官的愉悦

在乡村文旅创意产品设计中，视觉常被用来调动消费者情感，但对非视觉感官的设计较少。情感化设计应充分利用听觉、触觉、嗅觉和味觉等感官，构建更好的感情纽带。

（1）听觉

在乡村文旅创意产品设计中，声音是重要元素，通过音乐、方言、民谣等符号传达乡村文化特色，增强产品文化内涵，提高吸引力和好感度。通过音乐、美食和民宿服务创造了一个承载创业者热爱的空间，重新体验最本真的乡村生活，并作为一种文化体验产品，吸引更多游客参观和体验，符合大众审美。在设计乡村文旅创意产品时，可以运用当地方言文案进行听觉设计，结合听觉和方言也可以为产品设计带来独特的体验。例如，在产品中加入方言的语音提示或声音视觉元素，使消费者能通过听觉感受到乡村的声音和氛围。这样的设计可以激发人们的回忆和情感，让他们更深入地了解和体验乡村文化。

（2）触觉

在乡村文旅创意产品设计中，触感是基于材质属性的情感认知体验，吸引消费者、调动积极性并实现情感交流。选择合适材料和组合创造具有情感共鸣的产品，如手工艺品使用天然材料展现自然、简约、温暖的视觉触感体验，凸显乡村生活和自然风情的美感。水果产品包装和文化衍生品设计，利用不同材料和纹理突出质感和魅力,吸引消费者的注意力和购买欲望,对乡村文创产业的可持续发展至关重要。

(3)嗅觉

嗅觉是重要的感知方式,嗅觉信号弥散在空气中,对信息的响应持久。乡村文旅创意产品设计可以利用气味激发顾客的嗅觉,如将产品特性与气味结合、利用产品图案引发气味联想、改变环境气味。在乡村文旅创意产品的包装设计中,通过增加产品本身的气味设计,可以为消费者带来更加全面的感官体验。以花茶为例,可以在茶包装上加入花香味的设计。通过在包装材料中添加花香或采用特殊的工艺,使茶包装散发出桃花的香气。当消费者拿起包装时,会被迎面而来的芳香所吸引,这不仅增加了产品的吸引力,也能让消费者在品茶的过程中获得更加愉悦的感受。

(4)味觉

味觉是人类的重要感官之一,通过呈味物质的刺激,味蕾生成知觉信号形成化学感觉。基本味觉有咸、酸、甜、苦和鲜,在味觉认知中起关键作用。但单依靠味觉难以辨别味道,味觉对其他感官有依赖。在乡村文旅创意产品中,将味觉元素加入设计中可以丰富味觉感受,增强消费者体验。在包装设计中,可以运用食物香味的文案与味觉结合,以增强产品的吸引力和与消费者的互动性。在包装上使用引人注目的文案,例如:"好甜哦",以独特的方式描述产品的香味和味道特点。这样的文案能引发消费者的好奇心和食欲,激发消费者对产品的兴趣和渴望尝试。

(二)行为层次

1. 功能趣味性体验

在乡村文旅创意产品设计中,增加有趣的功能可以带给消费者愉悦的体验。设计师应结合消费者的使用行为,将文化元素和实用功能有趣地融合,满足消费者的实用需求并带来消费体验的愉悦感。以方言为例,可以开发趣味性的文创产品来展现乡村的文化魅力和个性。比如茶杯设计可以结合方言元素,印上常用方言词汇,用书法体书写解释方言含义,为消费者提供思考空间和趣味体验。情感设计需要深入了解消费者的需求,打造更符合他们需求的乡村文旅创意产品。

2. 使用方式情感体验

研究文创商品与消费者的交互作用，提出基于文创商品的消费行为模式。设计乡村文旅创意产品时，需要全面分析消费者的行为和心理特点，吸引并满足他们的情绪需求。添加"礼仪"元素是激发人们对产品感情的创造性方法。通过强化或分解消费者与产品的操作行为，将体验形式程序化，激发消费者的情感记忆并引起他们对产品隐喻和内涵的关注。在冬季火热的"围炉煮茶"活动中，在体验喝茶仪式感的同时，可以将盖碗茶的元素巧妙地融入其中，以提升该活动整体的文化体验和独特性。营销时提供产品使用场景，增强用户的使用体验，并激发用户对大自然的向往和关注。

3. 参与式情感体验

体验源于人与物的互动，既可以是物品之间的互动，也可以是人与物的互动。增加互动形式使体验和情感更丰富。"交互性"设计以用户为中心，激发情绪和心理反应。消费者将个性融入产品中，展示他们的审美爱好、经验和情感。消费者更享受创造过程，展示个性并获得满足感。可以结合桃花的盛开过程和热敏材料，设计一种有趣的文创产品。例如，制作一款特殊的杯子，杯子内部涂有热敏材料，热敏材料会随着温度的变化呈现不同的花形图案。当消费者将热水或热饮品倒入杯中时，热敏材料受到热量的影响，花形图案开始慢慢展开。随着温度的升高，花朵逐渐盛开，展现出桃花盛开的美丽景象。这种设计将吸引消费者的注意力，让其参与到产品的最终状态中，感受花的生命力和变化。结合花的盛开过程和热敏材料，可以推出一系列有趣的乡村文创产品，为消费者带来新颖的感官体验和参与感。这样的设计不仅能吸引游客和消费者的注意，还能加深对花的认知和情感连接，为乡村旅游和文化产业增添更多的魅力和创意。

（三）反思层次

反思层次与乡村文旅创意产品的意义有关。这些产品传递信息和中华传统文化，消费者的文化、经历、教育和个人因素对设计有影响。建立情感纽带能增强消费者与产品的联系，能影响自我形象、满意度和记忆。这种联系提高了品牌认知和选择，实现了文化传播的目的。

1. 引发情感共鸣

融入熟悉的情感记忆要素，提高对商品的认知和心理满足感。在销售中鼓励消费者分享与文创作品相关的故事或回忆。设立一个线上或线下的平台,让消费者分享与乡村旅游相关的经历、情感或故事。从中选取一些有代表性或有共鸣的故事,作为作品的名字或灵感来源。这样做可以让消费者与作品产生情感共鸣。

2. 满足个性需求

反思层的情感设计注重消费者个性化需求研究,满足基本物质和情感需求,人们追求独特性。个性化设计解决顾客情绪的不同需求,可采取迎合式、挑战式和逆反式。例如,茶具结合印章底纹,设计底部花纹陶瓷茶杯套装,融入花纹和颜色,配上独特图案的茶杯托。研学旅游的乡村文旅创意产品也具有参与的独特性,唤起美好情感回忆。

3. 建立品牌情感

情感设计在品牌塑造和产品设计中扮演着重要角色。它通过创造愉悦和满足感提高消费者对品牌的忠诚度,促进品牌价值的传递。建立情感联系是文创品牌成功的关键之一。比如,台湾知名文创品牌"掌声谷粒"通过销售农产品传达文化理念和友好态度。品牌通过创意包装、感人文案和叙事设计等方式建立与消费者的情感纽带。产品"一餐米"通过航空帆布袋包装唤起消费者的思乡之情,"喜米"结合大米和浪漫,传递幸福和浪漫的情感价值。"掌声谷粒"成功建立了以创意和文化再生为中心的品牌运营模式,满足了当代人精致、文化、象征消费的需求,增强了消费者忠诚度。

第三章 乡村文旅创意产品设计原则

本章主要内容是乡村文旅创意产品设计原则，主要介绍了两方面内容，依次是地域特色的融入、用户体验的建构。只有重视这两个方面，乡村文旅创意产品的设计才能受到消费者的喜爱。

第一节 地域特色的融入

一、地域特色的概念与内容

（一）地域特色的概念

"地域"通常指一定的地理范围或空间区域，而地域特色中关于"特色"的概念较为复杂，它是在日积月累中不断更新、改变、沉淀的结果，可以是物质也可以是精神。因此，地域特色是指在一定时间范围、一定空间区域内经过漫长历史进程所沉淀下来的精华，是自然要素与人为要素的综合体，包括该区域的自然风光、历史文化、遗产遗迹、民俗风情、语言特征等，它区别于其他地区且具有代表性。区域的经济水平、文化发展和政治状况都会影响地域特色的形成，而形成后的地域特色不仅可以直观地反映该地区特点和社会经济文化特征，而且对当地的经济文化发展具有十分重要的作用。

（二）地域特色的内容

1. 自然要素

自然要素是地域特色中的基础要素，包含地形、地貌、气候、植物等自然风光，不同地域的自然景观各不相同且各有特色，能带给人们不一样的感受和审美体验。自然景观的形成受地理位置、环境等因素的影响，可以雄伟壮阔，亦可以秀丽奇特。比如，昆明的东川红土地、湖北的神农架、新疆的喀纳斯湖、内蒙古的巴丹吉林沙漠等自然景观都呈现出不同的地域风情。从表现形式上看，主要有平原、高原、丘陵、盆地、江湖等。

2.人文要素

人文要素是地域特色中十分重要的，也是地域特色精神文化内涵的来源，包括历史古迹、文化信仰、民风民俗等。人文要素是现代旅游资源的重要构成部分，是当代旅游业发展的重要物质基础，对游客有着强大的吸引力。

历史古迹是先人在社会、政治、经济、教育、祭祀、生活等诸多领域建造的具体遗产，是人类在历史发展历程中创造并遗留下的宝贵财富，是人类文明的载体，也是古人聪明才智的见证。历史古迹包括传统聚落、古建筑物、古代市街等文化遗迹。每个地域都有自己特有的历史古迹，它们具有高度识别性，能代表地域特色，比如敦煌莫高窟、西藏布达拉宫等，对游客以及学者探寻古迹、欣赏艺术、考察研究、增长见识都有极高的价值。

文化信仰是一种以信仰为核心的内在精神文化，是人类社会发展历程中特殊的文化现象，也是人类文明发展的结晶。文化信仰的产生和发展与该地区的自然、人文关系密切相关，因此，所包含的内容十分丰富，涉及天文、地理、文学、艺术等多个领域。长久以来，文化信仰影响着人们的精神世界、思想认识以及日常生活等。

民风民俗是人们日常生活中不可或缺的部分，也是人们生活的生动写照，与地域的起源、形成、发展息息相关，不同地域的民风民俗各异且各具特色，它包括地方风俗、民间礼仪、庙会、方言、饮食习惯、特色服饰等，比如傣族的泼水节，就是一项非常具有地域特色的民俗文化。

二、地域特色对乡村文旅创意产品设计的影响

（一）地域特色对产品设计定位的影响

市场定位是乡村文旅创意产品设计的难点，设计者首先要对目标消费者的文化需求做深入了解，然后在回应消费者需求的同时在市场中建立自身的差异性。一个恰如其分的乡村文旅创意产品定位，可以使产品迅速找到自身卖点，在众多同类产品中脱颖而出。

说起具有差异性的文化需求，一定离不开具有精神特质的地域特色资源。不同的地域文化由于环境、人文等因素形成了自身专属的文化特色，因此乡村文旅创意产品的定位往往根植于民间。虽然随着时间的推移，很多传统文化的形式已不适用于现代生活，但其内在文化与精神始终影响着在此环境中生活的人。研究市场定位，要把握地域特色与产品定位的联系、综观地域特色文化、明确产品定位的基本方向、把握内在联系、界定文化属性并在品牌策划中将地域文化的形式转换为现代生活更加适用的内容。消费者在现代生活中遇见自己熟悉的文化符号会更容易产生共鸣。地域文化元素是打造乡村文旅创意产品的重要资源，设计者要依托地域特色优势给乡村文旅创意产品设计加注生命力。

在定位阶段，设计者可以从本区域的历史文化、生活习惯、精神情感等方面进行研究，找到产品的目标市场，针对性地选择产品类型，开发其扩展出的文化意义。消费者出于对地缘文化的熟悉与认可，面对与自己情感文化相通的产品时更容易接受，其需要的不仅是一个产品，更是产品背后的文化带来的心理归属感。依托地域文化，可以有效地减少产品的商业属性，以地域文化作为沟通桥梁，会让消费者更容易接受，更加贴近消费者的生活。

（二）地域特色对产品形象设计的影响

在乡村文化旅游创意产品设计的初期阶段，需要考虑如何将文化元素有机地融入产品，同时突出调研目标消费者的情感需求、生活方式和消费能力等方面的因素。这些因素是在确定设计方向时必须着重考虑的。一旦确认了目标消费者在文化方面的需求趋势，就可以有目的地设计产品形象，并巧妙地融合当地元素。若产品的设计融入了文化元素，那么它就更富有"情感色彩"，更容易引起消费者的认同。

消费者的主观看法对文化旅游创意产品的效果有很大的影响，因此该产品的外观设计是非常关键的因素。如今，仅关注产品的性能已经不能满足消费者的需求，产品的外观美观度也是不可忽视的。这种美学文化已经被广泛接受，并成为潮流消费的主要方向和趋势。乡村文旅创意产品的核心理念在于展现文化，借助文化的美感吸引具有特定兴趣爱好或需求的消费者。

自古以来，图形纹样一直是人类内在本能的表现形式之一，同时也是地域特色美感的最初表达方式。人们在当地文化中的审美标准最初是基于自身所处的文化背景建立的。外地消费者在探索某个地域的文化时，更加关注该地域文化所呈现的纹样和图案。因为地理环境的多样性，每个区域所能生产或喜欢使用的材料也存在着很大的差异。采用当地独有的资源不仅能减少成本，还能更好地展现地域文化的独特魅力。

即便是简朴的绳结或受传统建筑结构启发的元素，也会在不同的文化背景下呈现出无数变化，彰显着鲜明的地方特色。将地方文化的特色元素，包括图案、材料、呈现方式等巧妙融入产品设计，能彰显其所属区域的独特文化。一个简短的示意就可以引起消费者对某种情感记忆的联想，他们会删减其他信息并将这个象征与自己的情感和记忆联系起来，最终与品牌建立深厚联系。

三、地域特色融入乡村文旅创意产品设计的意义

发掘地域特色文化元素，将其融入乡村文旅创意产品设计，开发一系列具有地方特色且符合现代审美需求的文化创意产品，对地域文化的发展与传承具有重要的现实意义。通过对地域文化元素和现有文创产品的整理与调研，挖掘具有地方特色的文创产品设计要遵循的设计原则、设计思维以及产品开发的途径等，对后续开发出质量高、种类多、富有创新性的文创产品具有实践意义，同时，也能给乡村带来一定的经济效益。

将地域特色融入乡村文旅创意产品设计的设计理念注重挖掘和展现地区的历史、文化、艺术、风俗等元素，使产品不仅是一个物质载体，更是一种文化传递和交流的桥梁。通过这样的设计，可以有效地将乡村的自然风光、历史遗迹、民俗活动等资源转化为旅游产品，提升游客的体验感和满意度。

此外，地域特色的融入还有助于提升乡村旅游的市场竞争力。在众多的旅游目的地中，那些能提供独特地域文化体验的地方往往更受欢迎。游客不仅能感受到与众不同的旅行体验，还能购买具有地方特色的创意产品作为纪念，这些产品往往成为传播地方文化的重要媒介。因此，地域特色的融入对提升乡村旅游的吸引力和影响力具有重要意义。

同时，这种设计方式也有利于促进乡村经济的多元化发展。通过将地域特色融入产品设计，不仅可以开发出新的旅游商品，还可以带动相关产业链的发展，如手工艺品制作、农产品深加工等，从而为当地居民创造更多的就业机会和收入

来源。这样的经济效应有助于改善乡村地区的经济结构，促进社会和谐稳定。

综上所述，地域特色的融入对于乡村文旅创意产品设计具有深远的意义。它不仅能丰富产品的文化价值，提升旅游体验，还能促进地方文化的保护与发展，提高乡村旅游的竞争力，带动地方经济的多元化发展。因此，设计师在进行产品设计时，应充分考虑如何有效地将地域文化元素与产品设计相结合，以实现文化与经济的融合。

四、地域特色融入的方法

将地域特色融入乡村文旅创意产品设计，首先要尊重当地特色，将特色元素准确提取出来并和谐地融入产品设计，换句话说，在进行设计时，必须保留有代表性意义的文化内容作为产品的设计核心。其次要结合时代特色，体现新时期的精神，如果仅是将当地文化元素提取出来融入产品设计，那将失去文创产品的内核，更无法满足大众的审美需求。

下面结合崆峒地域的文创设计，对地域特色融入乡村文旅创意产品设计的方法进行分析。

（一）地域特色元素分析

1. 崆峒山神话传说

崆峒山有着浩瀚的云海、广袤的森林、高耸的山峰、悠久的历史文化，也有着众多的历史神话故事，其中最为著名的莫过于轩辕黄帝问道广成子。东晋葛洪的《神仙传》中记载："广成子者，古之仙人也。居崆峒之山，石室之中，黄帝闻而造焉。"相传道教先祖广成子隐居在崆峒山上的石洞中修行悟道，轩辕黄帝听闻后不远万里登山拜访，诚心求教。轩辕黄帝第一次拜访广成子时被拒绝，三个月后黄帝再次登上崆峒山拜访广成子，广成子见其诚挚之心遂传授其治国之道。这个故事最早记载在《庄子·在宥》中，黄帝登临崆峒山问道广成子的神话传说为崆峒山画上了浓墨重彩的一笔。另外相传广成子和赤松子在崆峒山上下棋，因赤松子经常输给广成子所以施展法术让天气骤变，玄鹤童子看到前方乌云密布便前来为广成子送伞遮雨，说话间广成子下错一步棋，一怒之下将童子送来的雨伞扔下山崖变成五棵巨大的松树。现在棋盘岭景区还有二人下棋的雕像。

2. 崆峒山道教古建筑

崆峒山上的建筑依山而建，错落有致，亭台楼阁相互连接，主次分明、大小有致，主峰上的道教宫观更是巧借地势，参差错落在山中林间，与崆峒山上的自然景观巧妙地融为一体。到了明清时期更是形成了以明代诗人罗潮描绘的崆峒山景色为主题的"崆峒十二景"，以及以道教建筑为主的八台九宫十二院四十二座建筑群七十二处石府洞天，景区内还散落着规模大小不一的道教建筑。

3. 崆峒山诗歌艺术

自远古时期开始，崆峒山内的绝美自然风光和山水风情就吸引了众多的文人骚客登临游玩，为崆峒山诗歌艺术的发展和兴盛注入了源源不断的文化魅力。司马迁曾慕名而来，历代名人李白、杜甫、白居易、李商隐、岑参、游师雄、林则徐、左宗棠等都写诗题咏盛赞崆峒山美景，抒发了豪情壮志，也描绘了道教隐逸生活。仇非主编的《新修崆峒山志》中收录了关于崆峒山的古诗词共二百余首。诗歌的内容主要分为以下三类：

一是描写上古神话传说。例如宋代诗人游师雄所写的《广成子洞》就记录了轩辕黄帝拜访广成子的场景。另外还有以棋盘岭神话故事为背景创作的《仙人石桥》讲述了赤松子与广成子在崆峒山下棋的传说。

二是描写边塞自然风光。在崆峒山诗歌文化中占据最多的当属描写自然风光的诗歌，这些诗歌艺术全面地展现了崆峒山的景色。例如明代诗人罗潮在《香峰斗连》中描绘了"直上香山望，斗枢如在手"的香山。

三是描写高士隐逸生活。崆峒山山高路远，清静自然，与道家宣扬的隐逸生活相契合，处在烟雾缭绕的人间仙境里面，让人心情舒畅，远离尘世烦扰。因此也诞生了许多描写道教生活的诗歌艺术。

4. 崆峒山武术文化

在历史上与少林、武当、峨眉、昆仑并称为五大派的崆峒派令无数英雄豪杰争相加入。

5. 崆峒山养生文化

崆峒山幽谷含翠，自古文人雅士便喜爱到山上静修。崆峒山上的道士们更是提出了在饮食、音乐和武术方面的养生文化。道教在长期的发展过程中形成了天人合一、心神相依的养生观念，而崆峒山上天然的草木药物，如黄精、百合、黄芪等草药被在此潜心修炼的隐士们用来调理养生、改善体质。崆峒山上的道教信徒每日虔心敲钟、诵读道家经典，通过念唱等方式让气息得到稳定的锻炼，闲暇时候聆听自然天籁、舒缓身心。道教讲究气功，崆峒山道士常用气进行保养，以气养神，再加上崆峒武术的练习，使崆峒山形成了独特的养生文化。

6. 崆峒山生态文化

崆峒山在地理上属于六盘山支脉，受到风化侵蚀作用等的影响逐步形成了今天的地理风貌。孤山险峰、怪石嶙峋、山势险峻形成独特的地貌景观。同时林深似海、花草茂盛、松柏常青，还有各种野生珍稀动物。烟笼雾锁、云海飞瀑、朝观日出、生机盎然，令人无限遐想。

（二）地域特色融入的思路

1. 实用性与创意性的结合

文旅创意产品在设计上应该把功能的实用性和想法的创意性放在首位。文旅创意产品的实用性应该考虑到现实生活中的使用场景，作为创意设计人员，要以购买者、游客的角度去思考问题。

2. 提炼崆峒文化内涵

崆峒文化是以崆峒山道教文化为基础，衍生出的各种文化的总和。文化性的提炼是文旅创意产品的内容核心。在消费经济时代，文化创意产品背后承载着独特的文化内涵和精彩故事，凝结着当地的精神价值取向和社会内涵。因此，在创意阶段可以通过创造性思维的激活来为崆峒山文旅创意产品注入新概念、新风格，展现崆峒山景色、崆峒文化内涵，从而提高产品的人气和经济效益。

（三）地域特色融入文创产品设计的方法实践

1. 文化符号选择

（1）崆峒景色

崆峒山文化景区内最深厚的文化基础无疑是道教文化，反映到景区内便是以星罗棋布的建筑为主线的亭台楼阁、古塔鸣钟。从以道教建筑为主的"八台九宫十二院"到明清时期形成的景区著名的"崆峒十二景"都是以崆峒山道教、古建筑、诗歌艺术、武术、养生、生态文化相结合形成的崆峒景色，可以说崆峒山景区是一种以道教文化为主导的和谐文化，是一种天人合一的建筑文化，也是最具特色的景区文化。因此，在崆峒山文旅创意产品设计的文化符号选择上应将崆峒山景色作为设计创作的首选，并在后期围绕其展开后续的设计创作。

（2）新年游崆峒

中国传统文化源远流长，孕育了丰富多彩的传统民俗节日，春节便是其中最热闹非凡的节日。春节虽然本身不是道教的节日，但节日风俗与道教有着千丝万缕的联系。例如，贴春联这一民俗活动就由道教的桃木符演变而来。每逢农历新年，崆峒山文创中心便会邀请景区内的道长书写春联、福字共贺新春。崆峒山的文旅创意产品设计与崆峒山的春节活动习俗进行了结合，将崆峒四季风景、崆峒山著名的十二景色与新春佳节进行了融合，设计出了以"新年"为主题的文旅创意产品。

2. 元素提炼

明清时期，人们对崆峒山上的名胜古迹进行总结形成了"崆峒山景色"，但长期以来，关于"崆峒山景色"的文创产品并未产生。本案例所涉及的乡村文旅创意产品，其设计者在创作的过程中根据崆峒山古诗词文化中对"崆峒山景色"描绘进行含义理解，同时结合实地调研的元素进行提取和设计，针对目标群体进行了审美表现的插画设计，并将相关诗词中描绘的山水美景、鳞响怪石与崆峒文化中最为精彩的道教建筑文化结合进行创作。

3. 色彩定位

在选择插画内容的色彩时，根据崆峒山文旅创意产品"新年游崆峒"主题内容和所选诗歌中描绘的景象，整套插画色彩以黄绿色作为主要色彩基调的同时也在文旅创意设计中选用了红色。之所以选择黄绿色是因为崆峒山植被繁多，绿色是景区内的主要基调，同时采用黄色、红色等色系搭配，一是符合景区四季色彩风格，二是与其深厚的道教建筑历史文化相呼应，三是突显"新年游崆峒"的主题。

4. 崆峒四季插画绘制

崆峒山四季风景各异，春天百花盛开、夏天绿意盎然、秋天红黄满山、冬天白雪皑皑。

春季：雉鸡牡丹图。提炼出崆峒山三个意象：一是象征着吉祥如意、求吉纳福的崆峒山动物雉鸡；二是根据刘正华诗歌中所描绘的崆峒孔雀柏传说提炼出孔雀元素；三是以清代龚景瀚的《崆峒归看牡丹》一诗中"崆峒昨见鹤飞还，又向芳园看牡丹。仙鸟花名都如眼，衡途何惜作粗官"所描绘的崆峒山植物牡丹为原型，寓意绚丽灿烂，华贵圆满。

夏季：碧莲金蟾图。分别选择崆峒山中象征百折不挠、坚定朴实的白杨树，清香远溢、碧叶翠盖的荷花，招财进宝、前程似锦的多子金蟾为设计原型进行象征夏季的字体海报设计。

秋季：深秋元鹤图。在画面的元素上选取了崆峒山上的玄鹤洞传说，仙鹤双双比翼高飞，翱翔于空谷广宇之中寓意着翱翔天空，鹏程万里；另外还将崆峒山景观以仙山的角度进行了描绘，最后选取了空谷幽兰覆繁花，仙风过处无牵挂的景象，寓意着芝兰玉树形象，扬扬其香之意。

冬季：冬日仙山图。冬季的崆峒山银装素裹，在画面元素上选取了冬日的崆峒仙山、不畏严寒的雪松以及崆峒山冬日植物玉堂富贵的白梅。

5. 崆峒十二景色插画绘制

以明代诗人罗潮描绘的"崆峒十二景"为画面创作灵感，进行插画设计创作。将十二处景观借以道教元素"葫芦"为外轮廓进行设计创作，崆峒十二景色错落有致，形成完整的崆峒十二景图志。

第二节　用户体验的建构

一、体验的概念与内涵

（一）体验的概念

在汉语中，体验的意思为亲身经历，也叫体会，从词性上看可分为动词和名词，既可理解为一种经历和过程，也可理解为一种感觉，体验无处不在。《朱子语类》卷一一九中说道："讲论自是讲论，须是将来自体验。说一段过又一段，何补。……体验是自心里暗自讲量一次。"[①] 这句话中体验的意思有两个，第一层意思是动词，指的是用自己的时间来感受经历，从而留下印象。第二层意思则是名

---

① 黎靖德. 朱子语类 [M]. 武汉：崇文书局，2018.

词，是使我们能感受到真实、现实的事，可以在我们的大脑中留下回忆，以后能回想起来的一段过程，它是内心的真实的感受。

（二）体验的内涵

体验是一个新的名词，尤其在现实生活中，体验的主体是人，不同的人有着不同的需求，体验则根据人需求的变化产生了价值的变化，从而进一步改进了人在体验过程扮演的角色，使商品和人之间的变化也由被动变成了主动。体验包含了人与品牌之间的基础互动和情感情绪上的沟通交流。同时，体验的品质也是可以衡量的，衡量方法有多种，比如体验者获得的体验是否具有整体性，参与体验者是否会向身边朋友推荐等。

体验是连接外部活动和内在空间的枢纽。体验的主体可以更好地认识并了解这个世界，主体与客观世界相互作用，共同发展。大多数的人都有去创造的潜力，而站在体验顶峰的人更能去促使优化体验的进程，让更多的人相互合作，从而提高他们成功的可能。而体验也就成了人满足心理需求的方式，这是体验消费的必然结果。体验设计也秉承以人为本，将受众代入心理体验、情感体验等一系列体验中去。

二、体验经济理论

体验经济是一种新型经济形态。1999年，约瑟夫·派恩和詹姆斯·吉尔摩提出了"体验经济"的定义，认为"体验经济是企业以服务为舞台，以商品为道具，为消费者创造出难忘的经济形态，是建立在顾客充分参与和体验基础上的经济，是继农业经济、工业经济和服务经济之后的一种经济形态"[1]。不同的经济形态改变了人们获取商品的方式。约瑟夫·派恩对不同经济形态下的产出做了对比（表3-2-1）。

表3-2-1 不同经济形态的产出对比

经济产出	初级产品	产品	服务	体验
经济形态	农业经济	工业经济	服务经济	体验经济
经济产出的性质	可互换	制造	交付	营造

---

[1] 约瑟夫·派恩，詹姆斯·H.吉尔摩.体验经济[M].夏业良，曹伟，译.北京：机械工业出版社，2008.

续表

经济产出	初级产品	产品	服务	体验
主要属性	自然性	标准化	定制化	个性化
供应方式	散装储存	生产后库存	按需交付	周期性展示
买方	市场	用户	客户	宾客
卖方	交易商	制造商	提供商	营造商
需求要素	特征	特征	利益	感受

可以看出产品的属性从"自然化—标准化—定制化—个性化"逐步演变成以"人"为中心，更加关注人的需求，同时买卖双方的交易也变得更加丰富，买方的地位得到了明显提升，体验经济下买家更多关注的是个性化的体验，并将其与产品及服务建立关联，这种体验特征可以带给受众更好的消费欲望。在"体验经济"概念被正式提出后，学者就体验经济对各个领域的影响做了广泛的研究，认为体验经济能将消费者作为新的出发点，把接近的场所作为消费转换价值的地方，从而促进消费的升级。

三、用户体验构建的方法

体验经济以人的需求为核心，产品逐渐趋于个性化，引发了学者对商品设计的研究，体验经济的影响也逐步渗透进乡村文旅创意产品设计中。消费者在文化旅游过程中，对产品的需求由物质享受向精神体验转变。以消费者为核心，让消费者买到幸福、设计、品牌、文化，这些是除了产品功能之外乡村文旅创意产品带给消费者附加的价值。通过体验的模式，消费也变得颇有意义。重视用户体验的产品设计是突出主题并能为大众创造出体验的一种设计，而产生共鸣的方式则存在于商品的表现形式和特征，这些共鸣通过商品内部、外部特征和形式去传递，主要体现在视觉、审美、情感、互动上。

（一）视觉方面的用户体验构建

1. 视觉体验与外观造型设计

视觉可以被当作人们对商品最重要的印象，大多数的人在50秒内会对产品产生第一印象。对于一个初级的设计师来说，如果一个商品第一眼看上去很吸引眼球，那他们会认为这是一个好的设计，如果第一眼不能使用户产生兴趣，那么这个视觉效果则不是好的设计。人们往往相信眼睛看到的事物，这一刻看到的画面会在脑海中形成自己的理解，变成一种心理反应，快速感染情绪。所以，视觉体验是非常重要的。

产品的外观就是视觉的第一印象。乡村文旅创意产品要做到吸引消费者，首先应该和传统的外观形状相剥离。例如，想要设计一款纸雕灯，那么设计者可以将乡村特有的景色、动物、建筑、树木等结合起来，创造独特的产品外观。

例如，玉兔呈祥纸雕灯在产品外观方面就别出新意，它将夜景、月光和玉兔等元素有机结合，展现了乡村郊外特有的月圆时分的夜景。金黄的月光与荡秋千的玉兔隐含了对中秋佳节的美好祝愿，在外观方面给人以美好、祥和的体验，让人对乡村宁静的夜晚和美好的夜色产生了无限遐想。

2. 视觉体验与产品色彩设计

视觉效果中第一眼感受到的是色彩，色彩的表现形式有很多种，好的色彩搭配能让消费者产生审美共鸣。平面设计中的色彩搭配、调和、对比、平衡等都需要认真考虑。乡村文旅创意产品设计可以通过色彩设计，给予用户足够的视觉刺激，吸引消费者的注意力，让他们产生视觉上的美感和享受。

（1）色彩搭配的作用

设计者在选用色彩时可以选择多个明亮的颜色来搭配，也可以选用单个的颜色来加深印象。乡村文旅创意产品设计师在进行色彩搭配的过程中可以通过色彩来传递产品的属性和情感，便于用户从产品中获得应有的意境和精神观感。色彩搭配影响了多个层面。

首先，色彩的搭配会直接影响观众对事物的感知。颜色的感知会因个人性别、年龄以及经验等不同因素而有所差异，因此不同的人对于颜色的组合也会有不同的感受。例如，冬季，使用冷色调的平面设计作品会让观众产生更加寒冷的心理感受。孩子们天性活泼好动，使用鲜艳明快的颜色来做平面作品更符合孩子们的喜好，同时也更能吸引他们的眼球。城市居民更倾向于使用低饱和度的颜色，而乡村居民则更喜欢使用高饱和度的颜色。在平面设计的创作中，需要根据受众来决定合适的颜色组合，因为不同的颜色搭配会产生不同的效果。

其次，配色对于观众的情绪有着直接的影响。虽然颜色本身并不带有情感属性，但人们对于不同的色彩会产生不同的心理响应。例如，暖色调往往会让人感到温暖，但有时也会引起烦躁和疲劳的感觉。冷色调能营造出一种平静的氛围，却也会让人产生压抑或忧郁的情绪。乡村文旅创意产品设计因为色彩搭配的不同而充满活力，但同时也会引发人们情绪上的差异响应。出于同样的原因，设计师需要关注色彩的合适度和有效的组合方式，以使产品主题更加醒目，从而在观众心中留下深刻的印象。

最后，颜色的搭配会直接影响信息的传递。从视觉感官角度来看，色彩最先被捕捉并传递至大脑，进行解析和区分，同时激发人的感知体验。由于人们在色彩经验和认知方面存在差异，因此对于色彩搭配的理解也存在差异。通常，每种颜色都会唤起人对于不同客观事物的联想，例如，绿色通常会让人想起树林，蓝色会让人想起大海，黄色会让人想起沙漠等。针对色彩搭配所产生的视觉联想，也就是不同颜色之间所激发的视觉效果，在不同的人群中表现出差异。进行色彩搭配设计时，应特别注意让所选色彩与表现主题相关联，以确保搭配能激发受众积极的想象和情感反应。

（2）色彩搭配的原则

在乡村文旅创意产品的设计创作中，一方面，选择、运用和搭配色彩时需要考虑一些基本原则。适宜而合理的色彩方案能够增添作品的独特美感。另一方面，颜色对比度的增加会进一步提高视觉吸引力，这点毋庸置疑。在乡村文旅创意产品设计领域，色彩的运用和组合至关重要。尽管各位设计师对色彩理解不尽相同，但为了确保作品能恰当地传达其理念和思想，应该遵循相应的色彩搭配规则，以使文创作品具备与众不同的吸引力。

一是遵循配色规律。在进行平面作品创作时，设计师需要先确立创作方向和主题，并结合作品主要色调，确定相应的色彩运用。在平面设计中，使用超过3种颜色的元素可能会降低作品的视觉效果。如果对某种颜色感知不足，可以使用相似的颜色来补充，以创造视觉层次和多样性。一旦确定了主色调，就应该根据它来选择其他颜色，以达到最佳的配色效果，如使用色相互补、对比或统一等手法。

二是满足美学原则。在进行文化创意作品创作时，应当遵循美学原则。设计师应该具备美学素养以保证符合美学原则的设计。创作简洁清晰是确保作品风格一致的重点。设计风格可以根据作品的不同而有所区别。有些作品带有欢乐和娱乐的氛围。有些作品传达出悲苦和忧伤的情感。对色彩的搭配,需要保持风格上的统一性。参照作品的主题,合理调配色彩间的关系。通常会先用一种颜色作为主调,然后引入其他的颜色进行装饰。

三是赋予产品内涵。在色彩的设计中,每个色彩都有它潜在的语言,代表人类一定的情感情绪,所以,设计师在设计过程中应该建立色彩语言和人类内心情感的联系,这些情感也会赋予文创产品独特的内涵。在此基础上,对于乡村文旅创意产品设计,如果要实现最大化的吸引效果,则不能缺少各种色彩的重要设计因素。

(二)情感方面的用户体验构建

情感体验是事物与事物之间建立联系和传达信息的方式,除了声音以外,也可以通过表情、肢体语言等来传递情感。在设计语言中,色彩、结构、框架、图像、主题背景都可以是情感的表达形式,这些因素可以使消费者产生喜、怒、哀、乐的情绪,进而将审美情趣、感官经验联系结合起来感受对象。不同的材质、形象的作品会给消费者带来不一样的感受。

乡村文旅创意产品通常可以为消费者带来愉悦的情感体验,购买此类产品可以满足消费者一定的情感需求。在设计中,设计师可以借助产品形状,颜色搭配和优质材料来创造良好的视觉美感。在此过程中文创产品变成了信息的载体,设计师通过产品来和大众产生心灵交流。在得到反馈后设计师可以将思路放入产品设计中,尽可能地去满足受众的需求。

情感需求是人们对文化创意产品的更高要求,人们的情感是复杂多变的,相较于生理上的需求,情感更加细致、更加敏感。优秀的乡村文旅创意产品更应该注重消费者的情感体验需求,通过引发消费者与产品的情感共鸣,引导人们更深入地理解乡村文旅创意产品,进而提升乡村文旅创意产品的附加值。

从情感方面构建用户体验就是通过产品的品牌信息、背景故事、形态质地来吸引消费者,让用户看到时能在内心产生情感共鸣。

1.愉悦情感满足精神需求

人们在欣赏文创产品时,往往会产生不一样的情绪。乡村文旅创意产品旨在传承乡村传统文化、增加生活的趣味性,因此产品既要有实用性,也要能满足消费者的精神需求。例如，乡村庭院木雕摆件，产品以乡村特殊的庭院构造为原型进行了细致的雕刻，砖墙、树木、屋顶、凉亭以及独特的石板路，让人仿佛回到了宁静优美的乡村，摆件所展现的景致很多，每每看去都能感受到其新意和别致，从而让消费者感受到情感的愉悦和精神的满足。

优秀的乡村文旅创意产品可以将当地的文化、历史符号以全新的形式呈现在大众面前，以此扩大受众面积，得到更广泛人群的喜欢和接纳。乡村文旅创意产品和我们的生活息息相关，文化内涵是乡村文旅创意产品中重要的部分，而情感上的体验也体现了文化的价值。我们既需要拉近与历史的距离，也需要将上下五千年的优秀传统文化一直传承下去。

2. 利益情感提升文创价值

在消费中得到的心理满足就是利益情感，艺术品通过文字、画面引起情感共鸣，而这种情感共鸣恰好也能提升产品的价值。乡村文旅创意产品的价值提升了，伴随而来的销量和市场影响力也会逐渐增大。

优秀的乡村文旅创意产品既能传递社会价值，也能实现文化价值。乡村文旅创意产品要具备自己的文化风格，在此基础上坚持创新，不做复刻品、不做同质化的产品，坚持走个性化、地域化的路线。精致的造型工艺和充满地域特色的文化元素有机结合才能吸引消费者。与此同时，乡村文旅创意产品的使用价值也非常重要，缺乏使用价值的文创产品丧失了产品的基本功能，更无法向大众传达乡村文化和价值内核。

崇明仙桥村的文旅创意产品的开发设计更加注重消费者的体验感受，从消费者的情感出发，让消费者亲自参与进来，加强了消费与文旅创意产品之间的互动体验，增强消费者的情感体验，如一款稻米文创产品开发。乡村对于消费者而言，有着特殊的情感，这种情感既亲切又隐秘，在对大米文创产品的开发设计中，设计团队从产品原材料稻米的种植、生长、收割再到出售，甚至做成相应的其他产品，整个流程都让消费者参与其中进行体验。让消费者亲自参与体验产品生产制作的全过程，能激起消费者的乡村情感，提高产品的信任度和美誉度，在消费者的心里塑造真正的"活米"的观念，也能增强消费者对其产品的认同感和内在情感，进而提高文旅创意产品的销量。

仙桥村传统的竹编多被做成篮子或其他的生活用品。设计团队为了保护这种逐渐消失的竹编技艺，经过一番设计后，将其转变为文旅创意产品，传统的竹编摇身一变，便成了人们日常生活实用的衣架、纸巾盒、灯罩、花瓶等装饰类的用品。与其他文旅创意产品不同的是，对于竹编文创的产品开发，仙桥村更加注重消费者对其制作和使用的过程体验，通过与传统艺人的学习，让消费者亲自参与产品的设计与制造，使消费者与产品之间的互动关系加强，进而建立情感。

不管是对于大米产品的开发设计还是对竹编产品的设计，仙桥村的设计团队始终将消费者的参与融入设计中，在设计中把服务作为"舞台"，产品作为"道具"，环境作为"布景"，注重消费者的参与过程，期望消费者通过亲身参与的体验对产品产生相应的情感，进而获得美好的感受。其注重的不仅是产品本身的使用体验，更多的是消费者与产品之间的交互体验与情感体验。

（三）审美方面的用户体验构建

关于审美体验的本质，国内学术界有许多种解释，其中比较具有代表性的是王一川和王岳川的观点。王一川认为："审美体验是人在实践基础上所获得的对人类活动的有限中的无限、刹那中的永恒的体验，或者说是对人类活动的永恒动荡中的暂时安宁、无限失落中的有限超越的体验。"[①] 王岳川则把审美体验的本质概括为："是一种特殊的审美体验，是审美经验强烈而深刻，丰富而高烈，充分而激烈的动态形式，并以其设身处地，情感激烈，想象丰富，灵感突现，物我两忘，浑化同一为其鲜明特征。"[②] 尽管两人的说法略有不同，但其共同之处在于都把审美体验视为一种特殊的人生体验模式。

在审美体验的过程中，主体往往能认识到存在的本质和生命的真谛。审美体验是人对精神层面的追求，超越了物质空间。在审美体验中人不仅是为了获得精神愉悦，它的本质还是一种寻求生命超越的形而上学追求，这是审美活动区别于一般的消遣娱乐的地方，也是审美体验与日常情感体验的区别。

1. 审美思想与产品艺术价值

中国传统审美思想具有的崇尚和谐、崇敬自然等特征。现代的审美思想是设计师内心所想与艺术形式相结合的表达，设计主体在设计过程中有能动作用，在

---

① 王一川. 审美体验论 [M]. 天津：百花文艺出版社，1992.
② 王岳川. 论审美体验 [J]. 北京大学学报（哲学社会科学版），1986（8）：3-11.

参与社会文化活动时设计师的表达有精神性和物质性两个层面的内涵。现代设计对设计师的要求也随之提高，注重社会和文化是设计师的内涵表现，在文化和设计的大环境下，价值取向正确的作品才会得到人们的关爱，才会提升设计的时代价值和产品的艺术价值。

在谈到作品的艺术价值时，有人认为作品的艺术价值帮助我们认识了真正的历史和生活，这将艺术价值归向了产品的认识价值。而乡村文旅创意产品的设计也一样，产品是我们了解历史和文化的媒介，通过产品的设计，我们能更深刻地了解到历史文化并对之产生浓厚的兴趣。这就是乡村文旅创意产品中的艺术价值所在。

2. 审美方式与产品艺术表现

传统的审美方式在于对审美对象的默默观察，细细品味感受它的内涵。而现在乡村文旅创意产品的种类和属性越来越丰富，传统意义上的审美方式慢慢发生变化。设计的作品也不单单是一张图片、一个画面可以概括的，更多的是体现产品的内涵。现在的审美方式基本可以分为两种，一种是注重整体装饰感，另外一种是注重文化寓意。这是两种不同的表现手法或者说是两种不同的风格。前者注重装饰之美，视觉化的刺激可能比较重要，而后者注重文化寓意，文化精神则是它主要表达的内容。

乡村文旅创意产品不仅是实用性物品，它还有一个任务是传递文化价值。那么产品的表现形式就需要经过多方面的思考。为了使产品具有其独特的视觉艺术语言，产品的呈现形式、属性、艺术形式、受众群体等都是需要考虑的因素。产品艺术表现不仅是字、画，更多的是产品的和谐，是在艺术的基础上表现其独特的魅力。成功的文创产品须将艺术文化属性与产品完美融合。

第四章　乡村文旅创意产品设计思路

本章主要内容是乡村文旅创意产品设计思路，主要从三个方面进行了叙述，依次是产品需求调研、产品外观设计、产品设计展现。通过本章的内容我们能对产品的设计过程有更清晰的了解。

第一节　产品需求调研

一、市场调研

（一）市场调研方法

任何产品的设计与制作都是为了适应市场，赢得消费者，文创产业作为高附加值产业，更需要重视市场调研环节。因此，乡村文旅创意产品在生产投放市场前需要对特定的消费人群进行调研。在调研时，要分析研究具体的消费对象，比如是男性还是女性，是哪个年龄层次以及其经济能力等因素。

乡村文旅创意产品的开发需要进行市场调研，这个环节是非常关键的。作为设计师，需要将模糊的市场需求加以梳理，提炼出有意义的信息，明确指向，并为扩大市场提供具体的目标。设计师应该利用市场研究的成果，持续改善产品，并应用先进科技以满足社会生活不断变化的需求。此外，还应提升产品内涵和艺术价值，增加产品的价值，以谋求更高的附加价值，满足人们的审美和精神生活的需要，扩大市场的效应。

乡村文旅创意产品具有高度的文化性、艺术性和纪念性。为了能在设计中抓住最具表现力的元素，就要通过市场调研来获得各方面的信息，对政治、经济、历史、风俗、教育、文化、艺术以及地理特征、自然景观、人文景观等方面的情况做系统的了解。

市场调研的方法有以下几种：

1. 调研问卷

（1）调研问卷的分类

按问卷传递方式的不同，调研问卷可以分为面谈调研、电话调研、购买商品时信息反馈调研。

面谈调研：

面谈调研可以由调研人员以小组形式，到有特色的乡村文旅创意产品专卖店等场所进行，是由销售批发商组织的有目的、有特点的调研活动。在活动时，将市场调研融入其中，这种方式人们的参与度较高，得到的信息量也较为准确。面谈调研的优点是能当面听取意见，可以了解更多有关产品的信息，问卷成功回收率高，能为产品找到更多的固定消费人群，能很好地在面谈的活动中展示乡村文旅创意产品的各方面优点与特色，为文创产品作出很好的广告宣传，但是这种方式的缺点是成本过高、涉及人员多。

电话调研：

电话调研相对于面谈调研成本较低，同时效率也较高，很快就能得到消费者关于产品的意见和需求，但访谈时间相对短，收集的信息会不全面，这就要求设计问卷时问题要精练、准确。电话调研不足的地方是不易取得消费者的配合，除非约定了具体时间，否则容易影响他人的工作和生活，反而给产品本身带来负面影响。

购买商品时信息反馈调研：

这种调研大多是让消费者在购买乡村文旅创意产品时填写事先印好的调研表。伴随乡村文旅创意产品的销售填写的调研问卷，具有很强的针对性，回收率高，但缺点是调研的人数有限，调研的人群面窄。

（2）调研问卷设计的步骤

调研问卷的设计是由一系列相关的工作过程构成的，为了使问卷做到准确、科学、规范、可行，一般按以下程序展开：

一是确定市场调研的目的。

二是确定市场调研数据收集的方法。

三是确定调研问卷问题回答的形式。

四是确定调研问卷中的用词。

五是确定调研问卷中问题的顺序。

六是得到相关市场调研涉及部门的认可和批准。

七是修订与测试调研问卷。

八是实施市场调研。

（3）调研问卷设计的注意点

乡村文旅创意产品调研问卷的设计要与调研的主题密切相关，要符合被调研人的心理，突出重点，避免问及不方便回答的问题或涉及隐私等，同时不要出现与主题无关的调研问题。

调研问卷或调研表中应避免过于复杂的问题，同时要避免使用生僻的专业词汇，也不要用英文缩写。

调研问卷中的问题顺序要条理清楚、顺理成章，符合常规的逻辑思维。通常设置为选择题，较简单的问题放在前面，较难的问题放在后面，确保问题易于回答。

问题要具体、简洁，不要让被调研者猜想和犹豫，避免前后矛盾的问题。

设计调研问卷时要考虑数据统计易于操作。调研问卷的题目应便于录入，数据可通过图表、图形的形式一目了然地进行对比和分析，主观性的问题在回答时也要有建议性的引导和规范，这样问题的回答才能不偏离问卷设计的初衷。

调研问卷的用词要与被调研人群相符，切记不要出现命令性的强硬词语，如果被调研对象涉及外籍人员，就要根据人员国籍区别性地设计调研问卷，还要考虑外语的用语习惯。

2. 观察法

观察法是把调研对象置于乡村文旅创意产品的购买环境中，对人们在欣赏把玩过程中的表现和遇到的问题进行收集的方法。在进行调研时，可以在小范围内试销产品并收集信息，再作出改进乡村文旅创意产品设计的方案，这种方法较多应用于电动、电子类或机械类的文旅创意产品，因为这些产品涉及许多部件的配合使用，只有在使用中才能观察到文旅创意产品的设计是否适宜，机械结构是否合理，是否符合消费人群的需求。

3. 个案调研法

个案调研是针对某一个具体的设计问题而进行的调研活动，如乡村文旅创意产品的颜色或选材的调研，特色呈现是否到位，纪念、收藏价值的体现程度，销售服务的满意程度等。这种调研是极有针对性和目的性的，大多用于文旅创意产品的改良性设计。

以上三种方法不是截然分开的，往往设计一种乡村文旅创意产品需要各种方法的综合运用。调研人员还需要查阅文献、走访相关政府部门或旅游景区等，只有真实地感受生活，了解当地的风俗习惯，实地观察代表性的人文与自然景观，在感性认识的基础上，整理分析各种材料，再上升到理性认知，才有助于后续设计工作的顺利开展。

（二）市场调研的内容

乡村文旅创意产品的调研内容是收集资料的依据，是为实现乡村文旅创意产品调研目标服务的。可以根据具体的文旅创意产品调研目的确定调研的内容，调研的内容要做到有计划、有条理、全面细致，不要过于烦琐。在对乡村文旅创意产品进行设计之前，必须展开相关的调研，以获得第一手资料。乡村文旅创意产品的设计与创新，直至生产都是从市场调研开始的，乡村文旅创意产品的市场调研可以从以下几个方面着手：

1. 国内外发展动态及技术现状

在做相关市场调研时，除了重点调研本地市场上的乡村文旅创意产品外，还应关注国内其他地方的乡村文旅创意产品，乃至国外文创产品市场上的同类产品的开发情况。例如，文创产品加工中的科技含量、外观表面处理工艺调研，文创产品具体制造材料的工艺和加工技术调研，国内外各企业同类产品的加工特点、用材选材特征调研，文创产品内部结构处理的研究与调研。乡村文旅创意产品设计师应掌握技术动向，了解时尚的技术表现方法、技术集中和分布情况，只有对市场技术进行调研后，才有可能提出技术上的创新，许多乡村文旅创意产品的专利与创新性设计都是在技术市场调研后发现并确定方向的。

2. 同类文创产品的比较

同类乡村文旅创意产品的比较是指了解开发同类产品的其他文创产品企业的具体生产能力、产品特征、销售模式、市场占有率、设计开发能力、技术工艺、产品开发动向等。具体包括：当地市场上正在销售的乡村文旅创意产品主要有哪些类型，数量如何；它们的设计水平怎样，是否体现了地域性和民族性；采用了什么材料，用的是何种工艺，是本地产的还是外地产的；供货渠道如何，定价情况怎样，销售业绩如何。

3. 消费者的需求和价格要求

消费者对乡村文旅创意产品的需求方向和价格要求调研，包括既定的乡村文旅创意产品消费人群对文创产品的规格、特点、风格、使用寿命、收藏价值的期望，消费者的购买比例、购买动机，购买环境与分布等。同时也可以根据消费者购买、使用、使用后的评价等方面列出具体的问卷进行调研。

此外，在这个阶段还要调研当地社会经济信息、自然地理信息、民情风俗、总体旅游规划和旅游资源开发情况，以及有代表性的自然景观和人文景观。

（三）市场调研的过程

1. 选择调研对象

这里的调研主要指全面调研、典型调研和抽样调研。全面调研是一次性的普遍调研；典型调研是以某些典型场所或消费者为对象进行的调研；抽样调研是从应调研的对象中，抽取部分有代表性的对象进行调研，以此来推断文创产品市场和需求的整体性质。

乡村文旅创意产品市场调研的对象一般为乡村文旅创意产品的消费者，同时也包括乡村文旅创意产品的零售商、批发商、专卖店的文创产品经销商等。

2. 确定调研步骤

具体调研的步骤可以简单地分为以下几个方面：

一是确定调研目标。这是调研的准备阶段，应根据已有的资料进行初步的分析，拟定调研提纲。

二是实地调研，包括确定产品资料的来源和调研对象，选择适当的调研技术、方法，确定调研内容和设计调研问卷，组织抽样调研的人员，组织调研人员的培训工作。

三是资料分析，撰写调研报告。

（四）分析调研结果

调研结束后，即进入调研的整理与分析阶段。将市场调研的问卷收集归类后，由专门的调研人员进行逐份检查，剔除不符合要求的问卷，并统一编号，以便进行数据统计。

1. 调研数据录入和整理

首先，把调研的数据录入计算机，形成电子表格，去粗取精，并分类别进行比较，然后可以利用图表、图形演示调研结果。

2. 数据分析与市场预测

在调研的基础上，对大量的数据进行分析与对比，找到文创产品较为准确的设计方向，这个过程称为市场预测。

（1）市场预测的类型

市场预测分为宏观预测与微观预测。根据预测时间的长短可分为长期预测、中期预测、短期预测。预测时间 5 年以上的为长期预测，1～5 年的称为中期预测，1 年内市场变化趋势的预测为短期预测。用经验分析调研资料的预测为定性预测，用大量的数据统计计算出未来趋势的预测为定量预测。

（2）市场预测的内容

市场预测的内容包括研究市场预测、未来消费者预测、技术预测等。

（3）市场预测的意义

市场的预测不是凭空想象的，而是建立在大量推论和数据分析基础上的合理设想，它能预测未来文创产品的消费、科技与材料、外观形态等发展趋势。同时，在大胆的预测下，设计师能创造出更具前瞻性的文创产品。

3. 产品设计计划确定

调研分析人员与乡村文旅创意产品设计师一起就未来的乡村文旅创意产品设计项目确定设计的进度和计划，将设计过程划分为若干阶段，在每个阶段进行归纳与总结，再进入下一个设计环节，以确保设计的稳步实施。

二、用户调研

（一）用户调研的定义与价值

乡村文旅创意产品的用户调研是帮助设计师定义产品的目标用户人群、明确并细化产品的概念，通过对用户的任务操作特性、知觉特征、认知心理特征的研究，使用户的实际需求成为乡村文旅创意产品设计的导向，使设计的产品更符合用户的习惯、经验和期待。

用户调研不仅对设计师设计产品有帮助，而且能让产品的使用者受益。对设计师来说，用户调研可以节约宝贵的时间、节约开发成本和资源。通过对用户的理解，设计师可以将用户需要的功能设计得有用、易用并且强大，能解决实际应用问题。用户调研是设计优秀乡村文旅创意产品的前提。通过对用户行为和不同情境的研究，可以发现用户与产品间的接触点与关注点，获取用户的显性需求和隐性需求。用户调研的深度和质量直接关系到产品设计的成败。

（二）用户调研的方法

乡村文旅创意产品用户调研的方法有很多种，一般从两个维度来区分。一个维度是定性到定量，如用户访谈是定性，调研问卷则属于定量。前者重视用户行为背后的原因，后者通过数据证明用户的选择。另一个维度是态度到行为，如用户访谈属于态度，现场观察则属于行为，用户访谈是问用户觉得怎么样，现场观察是看用户实际怎么操作。

用户调研的方法有调研问卷法、焦点小组法、深度访谈法、卡片分类法、可用性测试法、眼球追踪法等，其中调研问卷法、观察法与市场调研方法一致。在市场调研章节已经讲解了部分研究方法的内容，这里就不再赘述。

（三）用户画像构建

用户画像是基于用户真实数据的虚拟目标模型。用户画像的研究横跨多个学科，构建方法众多，在不同领域和应用场景下展现出不同的使用价值。明确使用目的，合理选择构建用户画像的技术方法，才能输出有价值的用户画像。

用户画像构建根据不同的方法和构建目标有不同的种类，可分为基于设计思维、本体或概念、话题或主题、兴趣或偏好、日志与行为、多维与融合的用户画像构建。要根据构建用户画像的目的、数据分析的能力、用户数据量的大小、资金多少及各方法的性能、优缺点、成本等选择不同的构建方法。

（四）消费者购买心理与行为分析

1.消费者的需求

消费者的需求多种多样，既有物质需求，也有精神需求；既有共性需求，也有个性需求。就购买乡村文旅创意产品而言，消费者追求的不仅是文创产品的功能价值，同时还追求心理和精神上的满足，追求乡村文旅创意产品带给人的美感和艺术享受。

消费者对乡村文旅创意产品的需求主要表现在以下几个方面：

（1）价值需求

乡村文旅创意产品的价值体现在材料的稀有性、工艺的高超性、造型的独特性及购买的情景性等。尤其是那些质优价高、具有收藏价值和增值空间的乡村文旅创意产品，消费者更注重它们的质量、品位和特色，因为这类乡村文旅创意产品可以显示消费者的身份和财富，可以满足消费者心理上的需求。

（2）使用价值需求

乡村文旅创意产品的使用价值包括产品的基本功能、质量、外观、规格、安全性与便利性等。一般而言，具有鲜明的使用价值或多种使用价值的乡村文旅创意产品会更加受到消费者的青睐。

（3）纪念性需求

乡村文旅创意产品通常会被作为旅游纪念品进行销售，因此，成熟的旅游景区会向消费者提供丰富多彩的文创产品，如景区人文景观类的文创产品、自然风光类的文创产品、民风民俗类的文创产品、名人名物类的文创产品等。旅游活动的短暂性和不可储存性使消费者通常会选择物化的文旅创意产品来纪念和保存自己的旅游经历，因此对于乡村文旅创意产品而言，其纪念性是促使消费者购买的主要动力。在各地旅游景区，消费者对文旅创意产品的需求量较大，具有纪念性的文旅创意产品领域具有较大的开发空间。

（4）审美需求

乡村文旅创意产品中的工艺性和时尚性是产品审美价值的集中体现。消费者购买文旅创意产品就是对其审美价值和品位的肯定和认同。乡村文旅创意产品要做到实用和美观的统一，这样才能获得更多消费者的喜爱。当然，消费者的审美观也具有地方性和民族性，因此，审美需求也要符合地域特点。

2. 不同人群的购买特点

（1）老年人群分析

老年人群的特点：

老年人群追求生活的安逸稳定，许多老年人在人生积累中往往遵循一套固有的生活模式，而改进思考方式和勤于思考问题可以使思维变得更加敏锐灵活，因此针对老年人群的乡村文旅创意产品设计可以在遵循传统的基础上进行灵活调整。

老年人的心理和生活状态分析：

相比时下流行的网络文化，老年人更偏好中国传统文化的娱乐形式，如阅读名著、听戏曲、写书法等。大多数老年人的生活节奏都较慢，因此，他们有更加充裕的时间去研究自己喜欢的事物。

老年人群偏好的视觉化描述：

老年人更加喜欢原木色、古铜色等偏向自然的、沉稳的单色系。

（2）青年人群分析

青年人群的特点：

青少年时期是想象力和创造力最丰富的阶段，兴趣多又不太稳定是青年人群的一大特征。他们追求时尚、好奇心强烈、自我意识强。因此，面向青年人的产品可以设计得更加有个性。

青年人的心理和生活状态分析：

青年热衷运动、喜爱音乐、善于网络交流。他们的视野宽阔，对流行文化表现得异常敏感。

青年人群偏好的视觉化描述：

大部分青年人比较喜欢鲜艳的颜色，或是流行的、有质感的颜色，如金属色等。

（3）婴幼儿人群分析

婴幼儿人群的特点：

婴幼儿时期是认识世界、学习知识的最好时期，是世界观逐渐形成的一个阶段。相比枯燥的字符组成的长篇大论，婴幼儿对图像的记忆、处理、反应能力更胜一筹，他们渴望得到来自长辈的表扬。这个阶段也是学习启蒙知识的最佳时期。

婴幼儿的心理和生活状态分析：

婴幼儿人群的注意力总是转移得很快，如果一个玩具不能让他们轻易获得成就感，他们很快就会失去兴趣。因此，针对婴幼儿人群设计的乡村文旅创意产品就需要轻松简单，而且易于使其获得成就感。

婴幼儿偏好的视觉化描述：

婴幼儿喜欢色彩丰富、颜色纯度高、造型可爱小巧、互动性强的设计。

第二节　产品外观设计

一、品牌标识设计

（一）品牌标识设计的符号建构

乡村文旅创意产品的品牌标识设计是一个符号化和符号解读的过程，具体来说就是把抽象的、无形的理念，借助于有形的视觉符号，按照一定的原则和规律，创造性地实现符号聚合，以达到传播最大化的目的。可以说，品牌标识设计的全过程，无一不是依仗符号的操作和运用。引入符号学原理，从符号学视角去探析标识背后的意义，已成为标识设计研究的新路径。

1. 品牌标识符号的内涵

符号由"意义表达"和"事物指向"两个方面组成。"能指"指的是符号的功能，即指示能力，"所指"则是关注符号所指向的具体对象或事物是什么。要确定一个事物是否成为符号，重要的是注意它是否具有"能指"的特征，也就是它是否可以指向其他物体，从而发挥"所指"的作用。尽管理论上我们可以将"能指"和"所指"分离开来，然而在现实使用中，它们是息息相关的，就像硬币的两面一样紧密相连。索绪尔的符号学理论强调的是二元关系，即语言实体之所以有意义，是因为它们在符号之间的关系中扮演了一定的角色。在乡村文创设计方面，闫承恂在著作《乡村文创设计》中指出：标识通常不是单纯代表自身的图形，而是一种符号。其实它的贡献在于它所象征的东西，就如同某个商品或品牌。作为符号的标识，必须成功地将其"表示的东西"转变为"实际指向的东西"，以便受众能理解标识所代表的形象的深层含义。因此，标识设计应避免过于复杂或难以理解，同时过渡效果应该美观舒适，不应过于单调或突兀。如果想要充分利用标识符号的吸引力，就需要注重美观独特的外观设计，还要重视其深度和广度的内涵，让人们在欣赏符号外在的同时，深刻理解其所代表的丰富内涵。在表示符号中，"能指"是一种含蓄的意象，蕴含着情感和意义，而"所指"则是在意象之中引出多层次、多方面的联想，进而提供深度的审美体验。这种体验与品牌形象和价值观息息相关。我们可以借鉴中国美学的意境思想来理解这个现象。

一些符号学家使用"还原法"来探究这两者之间的联系。他们首先将符号还原为"表示意义的标记"和"所代表的具体对象",然后确定"特定符号的含义是什么",再说明"它是如何体现意义的,即将'能指'和'所指'之间的关系转化为意义"。最终揭示背后所隐藏的社会文化编码规则,即为什么它所代表的意义是那样的。利用还原主义的方法可以更好地理解符号接收者的需求因素。我们可以将"能观察到、表现出来的物质需求"视为指向具体事物的符号,而将"不易察觉、潜藏的内在驱动力量"视为所指,深入挖掘其中的文化和经济价值,以此为基础进行有目的的设计。

2. 品牌标识符号的特征

品牌标识设计是一个把抽象概念视觉化的过程,通过具象的创意符号刺激受众,再依靠受众的经验和联想来解读符号,达到传达信息的目的。标识符号必须具备以下特征:

(1) 冲击力

冲击力是指符号的构成必须具有强烈的视觉效果,形象鲜明突出,能够在众多同类标识中迅速吸引注意力,产生直接的惊艳的效果。心理学家研究表明,女性符号、儿童符号、温馨符号比其他符号更有吸引力,因此,在设计视觉符号时,必须考虑这些因素对受众的影响。

(2) 认知性

认知性表明符号的意义明确无误,受众能精准领会,避免混淆。一旦引起了人们的注意,就需要突出品牌标识设计所传达的含义,并加强标识符号与品牌个性之间的联系。通过更细致的设计,帮助受众从吸引的阶段逐步深入理解品牌,从而达到更好的传播效果。换句话说,一个品牌的标识必须让它所代表的含义和形象紧密相连,使人感到意义和形象之间的连接自然。许多标识的失败都是因为太过注重外在的视觉效果,而没有在深度认知方面投入足够的精力,导致公众无法理解它的含义,感到十分困惑。

(3) 定位性

任何语言都只能在一定范围内被理解,只有具备相关文化背景的人才能接收到该符号的信息。品牌设计师必须明确受众的文化背景,进行有的放矢的设计。

（4）独特性

通常情况下，符号的作用是凸显其同一性和标准化程度，这有助于提高其可理解性。然而，在品牌的标识上，独特性也是非常关键的。尽管常规符号容易被识别和传播，然而它们并不能触动人们的视觉神经，因此难以引起受众的注意并留下深刻的记忆。例如公共卫生间的标识虽然普遍易懂，但如果仅止于此，设计就会显得缺乏生气和灵感。因此，我们需要根据具体场景和人群差异，开发富有特色和创意的设计方案。

3.品牌标识符号的表现手法

品牌标识有多种可能的表现方式，这是因为符号的"能指"与"所指"之间的关联方式是多样化的。皮尔斯把符号分为三类：图像符号、指示符号和象征符号。这些符号不同的地方在于，它们在表示对象时采用了不同的方式。这个观点已经被广泛接受，成为关于图形研究理论的共识。这三个层次同时也是图形的三种类型，它们呈现出递进的特点，随着层次的增加，信息的丰富程度也会逐渐加深。

（1）图像符号表现法

图像符号是由对现实事物的仿真所构成的符号。这个符号具有再现和记录现实的能力，由于它在形式或意义上与所指对象相似，其中的符号本身和所指对象呈现出一种相似性。因此，它们在传达信息时往往可以避免文化差异的干扰，达到易于理解的效果。另一种则是抽象的符号，能以简洁明了的形式传达品牌的概念和价值观。还有一种表达方式是使用图形符号，通过表达对象之间的关系来传递含义和信息的结构，接收信息的人需要重新构建符号的意义，才能进行正确的解读。

（2）指示符号表现法

虽然指示符号所指代的"符号对象"和"实际对象"并不一定在日常生活中存在对应性，但它们在某种程度上彼此相关。这种联系可以以时间或空间的形式呈现，同时也可能是由因果效应引起的联系。一旦人们接受了符号与其相关联的含义，这些符号就具有指示功能，比如，门的符号可以用来指示建筑物的出口。环境指示标识就是一种典型的指示性符号。

（3）象征符号表现法

标识设计师通过强调"能指"物品的特征，来建立与"所指"的联系。这种联系本质上并没有必然的关联，但正是通过这种方式，设计师让受众产生了从本体到联想的转换，同时也领悟了标识设计的目的和含义。象征符号是一种被社会习惯所承认的符号，其代表的对象和相关意义，是由许多人长期的感知和聚合而来的，即社会习惯的集体思维所产生的共识。

上述三种符号表现法对于理解品牌标识设计中的符号应用有重要的参考价值。需要注意，三者之间的差异性只是相对而言。皮尔斯曾经指出："要找到任何一个没有指示性的实例是非常困难的。"[1] 他的这句话可以理解成任何符号几乎都有指示性，都会引起接收者对对象的注意，因此都有指示性的成分。在现实生活中，三者的结合应用非常普遍，如生活中常见的"请勿掉头"的交通标识就同时使用了图像、指示、象征这三种符号表现法。

4. 品牌标识符号的编码与解码

英国学者斯图亚特·霍尔提出了关于编码与解码的理论。他认为任何信息在进入大众传播领域之前都必须先进行"编码"[2]。首先，为了能理解清晰的语言，信息必须以某种符号形式在传播范围内传递，因为没有符码，就无法进行操作。其次，在进行加工时，需要选择使用哪种材料，难免会产生偏见。实际上，这种加工是经过精心筛选的，所反映和传递的是信息发布者希望推广的观点和看法。在信息传递的过程中，编码只是其中的一个环节，它的效果是否达到预期取决于接收者的解码活动。解码是对信息进行识别和理解的过程，当信息被解码后，它将被应用于社会实践中，从而产生特定的意义和影响，进而引发一系列多种多样的感知、认识、情感、意识形态或行为结果。此外，编码和解码之间并没有形成一个直接的同等关系，这意味着它们的符号并不完全对称。同一信息可能被不同的读者以不同的方式解读，解读过程中存在多重意义和复杂性。

乡村文旅创意产品设计的背后是文化，在设计乡村文旅创意产品的品牌标识时，需要考虑消费者对于乡村文化符号的认同感。乡村传统的文化符号包括物质、精神和社会制度三个层面，从这三个层面出发，可艺术化编码的乡村文化符号表

---

[1] 张彩霞.皮尔斯传播符号学引论[M].济南：山东大学出版社，2021.
[2] 斯图亚特·霍尔.电视话语中的编码与解码[J].肖爽，译.上海文化，2018（2）：33-45，106，125-126.

现为：以固态可见的物质形式存在的符号记忆，如承载历史痕迹的特色建筑、民居住宅等固态存在的物质载体；乡村的农耕精神、民族风手工作品、传统民俗等承载村民精神寄托的符号记忆；乡村的传统祭祀仪式以及节庆文化活动的符号记忆。这三类符号记忆是形成不同地域环境差异的符号记忆元素。因此，在提取可艺术化编码的符号记忆时，要立足核心内涵来挖掘和提取符号意义，提取包含村民生活记忆且认同性强的乡村文化精髓进行艺术融合，将独特的乡村文化记忆符号重新编码，创造出富有文化意涵的乡村文旅创意产品的品牌标识。

乡村文旅创意产品品牌标识的符号编码方式可以分为固态化编码、叠加化编码两种。固态化编码是指改变地域性乡村文化元素物质存在状态的编码。固态化指物质的物理状态发生改变，如液态的水变成坚硬的冰。利用固态化编码技术，我们将传统手工艺转化为图形化的标识，并保留了村民熟悉的符号，展示了乡村传统文化的珍贵价值。这种方式既简化了制作过程，又有利于保护和传承这些传统技艺。借鉴乡村传统文化的元素，结合现代设计手法，创造了叠加化编码的标识设计风格。

叠加式编码是一种传统与现代的碰撞，如运用新媒体技术，以动态方式来呈现品牌标识，或以贴合时尚潮流的方式来展现乡村文旅创意产品品牌背后的传统文化。叠加化编码将城市发展中的现代化文明加入、叠合在乡村古朴的土地上，实现了城市与乡村文化的碰撞，这也是一种古今文化的碰撞。

符号在传递乡村文旅创意产品品牌信息方面担任着极为重要的角色。除了能清晰明确地表达概念外，也能生动地展示难以用语言表达的情感。我们可以通过将"能指"变为"所指"，开启无限的可能性，用直观的图像来阐述抽象的概念。品牌设计师需要了解标识符号的表现技巧和编码方式，并尝试挖掘符号的潜力，将新的经验和观点融入符号创意中，以创造出独特、符合时代精神的乡村文旅品牌标识符号。这需要在掌握基本规律的基础上努力进行创意发掘与编织。

（二）品牌标识设计的意境审美

乡村是具有自然、社会经济特征的地域综合体，与城镇共同构成人类活动的主要空间。发展乡村文旅创意产品产业，是实现乡村产业转型升级、推动乡村振兴的重要手段。

1. 象之审美与意境美学

中国美学史上很早就有关于"象"的论述。《周易·系辞》提出"圣人立象以尽意","象"指卦象,是用来象征"意"之中所隐含的吉、凶、祸、福等意蕴的[①]。梁代的刘勰在《文心雕龙》中提到"窥意象而运斤",首次提出"意象"的说法。唐代刘禹锡在《董氏武陵集记》中说:"诗者其文章之蕴邪?义得而言丧,故微而难能;境生于象外,故精而寡和。"他明确地提出"境生于象外"的主张,点明了意象与意境的关系。近代学者王国维在《人间词话》中说:"状难写之景如在眼前,含不尽之意见于言外。"指出意境要有象外之象,象外之意,要让眼前的形象引发联想,让人去想象,去体会,去思索。意境就是象和象外之象的综合。当代学者宗白华在前人基础上提出了意境层深结构说,他认为:"意境从直观感相的摹写,活跃生命的传达,到最高灵境的启示,可以有三个层次。"[②]这"意境的层深"是由象之审美到气之审美,再到道之认同的融通合一、逐层升华的创构。对于乡村文旅创意产品的品牌标识设计来说,"象之审美"主要体现在取象和构象两个方面。

2. 品牌标识设计的取象

"取象"即形象的选取。标识的形式应简洁单纯,富有美感和视觉冲击力,在设计之初就要选取最具代表性和典型性的形象,以点带面,以凝练的造型表达丰富的内涵。乡村文旅创意产品标识的取象主要有三种方式,即以品牌名称为象、以品牌历史或地域环境为象、以品牌的经营内容为象。

(1) 以品牌名称为象

以品牌名称为象是最直观、最易于识别和记忆的取象方式。可以单独用字体作为标识的形象,为了突出品牌的个性,应对文字按照视觉设计规律进行艺术化的加工、美化和装饰,形成字体标识。字体标识应具备易读性,在设计中不能随意变动书写规则,也不能随意改变笔画及结构。字体的整体编排要有美感,要以视觉流程为依据,利用对称、均衡、对比、韵律等法则进行组合,营造视觉美感。连字设计是近年来应用得非常普遍的一种字体组合方式,通过把多个文字进行连

[①] 金景芳.《周易·系辞传》新编详解[M].沈阳:辽海出版社,1998.
[②] 王怀义.基于"境层"概念的意境结构分析——重探宗白华艺术意境论[J].中国文学批评,2023(1):55-65,190.

接、融合，形成一个统一的整体，使品牌的个性更加突出，避免竞争对手的仿冒，也有利于表达品牌的深层内涵。连字设计有的强调外形的轮廓感，比如把标识外形处理成椭圆形、三角形、菱形等，给人耳目一新的感觉；有的在笔形上寻求变化，比如曲笔直化、转角圆化、起笔与收笔处进行设计等。也可以将字体和图形相结合，图文并茂，字图一体，传达的信息更充分，识别性更强。如果是和具象图形结合，比如和该乡村地区代表性的景观结合，标识的含义会较为直观、明确，记忆点突出；如果是和抽象图形结合，则较为雅致含蓄，在美感上能经得起时间的考验，不会轻易过时，同时给观者的联想空间更大，所触发的象外之象与象外之意更加丰富。除了计算机制作的字体，手写体也可设计成字体标识。不同的书写工具会形成不同的笔触，可以营造更具温度感的品牌形象。如果乡村文旅创意产品品牌想要突出品牌的质朴风格与历史感，可以将手写体与象形文字结合，其稚拙的风格会使人想到乡村的淳朴；也可以将手写体与篆书篆章结合，其古雅的风格会使人想到乡村的历史古韵与人文之美。

（2）以品牌历史或地域环境为象

中国幅员辽阔，乡村的风貌与特色各异：有的乡村历史悠久，文物古迹众多；有的乡村风景如画，湖光山色美不胜收；有的乡村是少数民族的聚居地，有着浓郁的民族风情。这些都是乡村文旅创意产品品牌标识设计的灵感来源和形象资源。在强调品牌历史时，应注意收集当地的历史典故、民间传说，以视觉的方式呈现出来，用标识设计讲好品牌故事。上海一家设计公司在设计贵州安顺的文旅创意产品品牌"山水林花"时，注意到了当地的夜郎传说。"夜郎自大"的故事吸引着人们到"夜郎故地"观光和探秘。设计师走访了当地村民，详细了解了夜郎文化流传至今的神秘故事，将这些故事以漫画形式呈现在文旅创意产品品牌设计中，突出了"山水林花"的民族特色文化。在处理这类标识的形象时，不妨多从传统造型中吸取营养。传统造型是一个时代的历史文化观念、审美观念、价值观念在设计上的物化表现，如雕塑中的石雕、木雕、玉雕，建筑上的彩画、藻井图案，织物上的蜡染、扎染、刺绣，戏剧中的脸谱及服饰等。这些传统造型为标识设计提供了宝贵的素材，有助于强调品牌的历史感。在强调地域环境时，则应多深入当地村落取象。中国古代文人在创作时非常注重观物取象，以"俯仰自得，游心太玄"的观照法来感知世界和创造艺术形象。东晋王羲之《兰亭诗》："仰视碧天际，俯瞰绿水滨。""仰观宇宙之大，俯察品类之盛，所以游目骋怀，足以极视听之娱，信可乐也"等。这些"俯观仰察"是多角度、多层次的，并不局限于某个固定的角度和位置。中国古代山水画家喜欢徘徊于山水之间，登高望远，以大观小，根据整个画面的节奏来经营组织各部分，正所谓"以咫尺之图，写千里之景"。作为设计师，在为乡村文旅创意产品品牌设计标识时，要尽可能地走遍乡村的每一个角落，用心观察、感受、思考，准确捕捉当地自然与建筑景观的精华，把它们转化为美轮美奂的标识形象。

（3）以品牌经营内容为象

乡村文旅创意产品品牌的经营内容是指品牌经营者所能提供的产品和服务，是以创意理念为核心，发掘器物背后的文化因素，结合现代生活做创新性转化的结果，是知识、智慧和灵感的结晶。中国乡村蕴藏着无尽的文创资源，农牧渔产品、非遗手工艺品，甚至民居的房梁瓦片，废弃的石磨、料槽都有升级为文创产品的潜能，还有乡村旅游衍生出的各种体验服务，都可以作为文旅创意产品品牌的经营内容，成为标识设计的表现对象。在产品和服务已经得到市场认可甚至追捧的情况下，标识以经营内容为象，会把消费者对产品和服务的好感转移到品牌上，有助于品牌资产的积累。

3. 品牌标识设计的构象

"构象"即形象的构建。标识设计在确定形象之后，需要进一步概括、取舍或重新组合，注入设计师的情思，使标识成为具有感染力的艺术形象，也就是"意象"，从而引发观者的思考、想象，产生意境之美。象外之象和象外之意纷呈迭出，互相触发，联类无穷，美不胜收。由于艺术形象构建方式的差异，所触发的意境类型也有所不同。乡村文旅创意产品品牌标识设计的构象，主要有三种方式，即叠象、反象和变象。

（1）叠象

叠象是指两种或多种形象并置构成的标识形象。马戴《落日怅望》诗句"微阳下乔木，远烧入秋山"，将直觉形象（夕阳西下）与幻想形象（野火烧山）并置，由真与幻并列触发联想。杜甫的"朱门酒肉臭，路有冻死骨"，则通过相反的画面并列产生鲜明的对立感。叠象包括重叠组合、连接组合和分离组合。重叠组合是指不同图形之间有重叠之处。如果图形的色彩相同，重叠的部分也仍然是同色。

如果色彩不同，重叠的部分或处理为第三种颜色，或处理为一个图形遮盖另一个图形。前者称为"透叠"，具有高度的透明感，灵动而富于情趣；后者则形成前后两个层次，增加图形的空间深度感。连接组合是指不同图形的轮廓有重复的部分，连接在一起时会产生意想不到的形体，如间隙空间和螺旋曲线的出现。分离组合是指不同图形之间保持一定的距离进行组合。在图形数量较大时，必须选择具有共同特点的图形，以保持形象的整体性。叠象不是原形象的简单叠加，而是通过将多个不同时间、空间或状态下的影像叠加在一起，产生新颖别致的视觉效果，给予观者丰富的心理感受。由于叠象包含众多形象，意境中已经表现为多重、多类表象交织，因而它们除了具有单一形象触发联想的功能之外，还往往通过意境中不同直接形象的并置或对比，产生类比感、接近感、发展感、哲理感，进而触发更为复杂的象外联想。

（2）反象

反象是指由于观看视点的不同而产生反转的标识形象，包括双重形象、正倒共存和反转性远近错视。双重形象是随着观者视点改变而交替出现的形象。典型图例是鲁宾之杯，如果将杯子作为图形，侧面人像就成为基底；如果将侧面人像作为图形，杯子就消失成为基底。正倒共存是观者看完正像之后，观看位置改变，从倒立方向能看到新的形象，也就是正像和倒像都存在于同一形象中。反转性远近错视是因为观者的观看方法不同，使局部形态时而靠前，又时而退后，形成了形象的反转。

无论是双重形象、正倒共存还是反转性远近错视，当观者注意观看一个形象时，另一个形象就隐退消失，因而反象的美感在于视点转换而产生的"虚实相生"。蒲震元教授在《中国艺术意境论》中表示，在创作与欣赏中，意境均表现为实境和虚境的统一。在审美观中，实者虚，虚者实，实境化为虚境，虚境又映照实境，往复运动，生生不息，给人以意境美。意境美越生动、强烈与富于想象性，作品的艺术水平就越高，审美价值越大。因此，探明与把握意境之实境与虚境，及虚实相生的艺术法则，对创造高度的艺术美是十分必要的。沈复在《浮生六记》里说："大中见小，小中见大，虚中有实，实中有虚，或藏或露，或浅或深，不仅在周回曲折四字也。"这段话说的是园林艺术，但用来理解反象所营造出的意境美也完全说得通。乡村文旅创意产品品牌标识设计以反象来构建形象，可以避免平庸、浅白、粗陋，增加视觉趣味，让观者在视点的转换中慢慢咀嚼回味，体会虚实相生的意境美。有些乡村的传统艺术，如剪纸就大量运用反象的手法，把它们移植到乡村文旅创意产品品牌标识设计中，可以突出品牌的趣味性与民俗性。

（3）变象

变象是指动态或多形态的标识形象。美国品牌专家马丁·纽梅尔在《品牌差距》中阐述，品牌不是一套模式化的形象，是产品与消费者之间的关联，是文化和物质之间的纽带，是人们对一种事物或一个事件的综合感知。进入互联网时代，乡村文旅创意产品品牌所要面对的媒介和材质是混合性的。在网络环境中，一个人可能既是信息的创作者、传播者，同时又是信息的消费者。动态与多形态成为标识设计的发展趋势，消费者可以更多地参与到标识的设计过程中来，品牌形象甚至可以通过和消费者互动来完成。在这种情况下，品牌标识不能再固守理性刻板的格式，标识形象的可延展性、可系列化成为设计的关键因素。在保证核心要素和品牌概念的基础上，让标识与衍生图形形成有故事性、流动感、可持续扩散的品牌内容。如贵州省的云古小镇的标识设计，以形似云字的三条弧线构成，在实际应用时，只要加上不同的点缀装饰，即可形成各种不同的图形，与单弧线结合，成为山脉，与小方点结合，则成为民居。

变象标识具有内容丰满、流动变化的美感，尤其当整个视觉系统展开时，更显得千变万化、气势宏伟。正如司空图在《二十四诗品》中所说："具备万物，横绝太空。""行神如空，行气如虹。巫峡千寻，走云连风。""天风浪浪，海山苍苍，真力弥满，万象在旁。"这是一种交响乐般的美感，会产生强烈的艺术感染力，引领观者进入标识所营造的雄浑宽广的艺术意境中去。

乡村文旅创意产品品牌标识设计的构象，还必须考虑到美的指向问题。一是要注意在形象表现上，是否具有鲜明的原乡文化美感。原乡文化是植根于乡村的地方性文化，包括乡村生产生活文化、历史文化、民俗文化、教育文化等，是长期以来乡村持续稳定发展的内生力量，是乡村文旅创意产品品牌标识设计的核心资源。一些历史悠久、具有鲜明民族和地域特色的原乡文化，已经被联合国教育、科学及文化组织和中国非物质文化遗产保护中心界定为非遗。原乡文化美感必须在深度挖掘原乡文化特色的基础上建构，与其他乡村地域文化相区别。二是在形象传播上，要体现双重作用，对内获得乡民的认同，能展示乡民的集体价值观和意志力，提升乡民归属感和凝聚力；对外获得目标消费者的注意，提升品牌的知名度和影响力。只有在标识设计的象之审美上综合考虑，将地域文化与时尚潮流融为一体，营造出雅俗共赏的意境美，才能实现乡村文化发展和经济发展的同频共振。

乡村文旅创意产品品牌应具有鲜明的个性，视觉形象是建立品牌个性的最佳途径。以标识为核心的品牌视觉识别可以建立差异化的品牌认知，让品牌形象获得凝聚力，使品牌具备强辨识度。乡村文旅创意产品品牌标识设计的取象与构象决定了其艺术的高度，要对乡村文化资源进行整理和思考，深入挖掘其历史底蕴与核心价值，提取最具原创性以及与现代审美相契合的元素，加以概括、取舍、组合，创造出具有原乡文化美感的乡村文旅创意产品品牌标识。在这个过程中要注意调整美的指向，使标识在观者脑海中形成象外之象、象外之意。乡村文旅创意产品品牌的标识设计应高度重视象之审美，通过新颖独特、富于变化的标识形象，营造出美的意境，赋予传统文化与民俗文化新的生命，打造文创品牌。

二、字体设计

（一）字体设计的重要性

1. 提升产品形象

若运用得当，优秀的字体设计可以加强乡村文旅创意产品的文化表现，同时，字体设计所传递的文化内涵得到提升，可有效提高乡村旅游品牌或产品的内在含义。随着乡村振兴政策的实施，乡村文旅创意品牌或产品的角逐变得更为激烈，为了获得更多消费者的青睐，必须采用多种策略来提升品牌价值。在品牌建设的过程中，字体设计是品牌的软实力之一，并且扮演着非常重要的角色。当消费者对该品牌缺乏深入了解时，精心设计的字体可以增强品牌在消费者印象中的形象。人们除了在意性价比之外，也倾向于选择那些让人感觉更有价值的品牌或产品。出色的字体设计能深深融合文化元素的艺术表现，品牌或产品的文化因素也会对人们理解字体产生重要影响，从而产生"这个品牌或产品的字体设计很优秀，显示出其注重细节、品质得到保障"的合理推论，提高人们对品牌或产品的信赖度。受众在短时间内可能无法完全理解，但会通过持续的分析与解读，逐渐领会。

2. 促进品牌发展

乡村文旅创意品牌和产品需要进行字体设计，其根本目的是获得更多盈利增长的机会。通常，字体设计师使用三段式的技巧来刺激消费者的购买或使用意愿。第一阶段需要确保品牌形象给人的印象深刻，并非常明显地与其他同类文化旅游创意产品区分开来，进行特色定位。在品牌建设的过程中，产品的差异化是至关重要的，因为此时品牌记忆仍处于较浅的层次。为了实现这个目标，我们通常会选择该文化旅游创意产品的一个关键亮点，然后通过巧妙的文字设计来突出其独特之处。第二阶段的目标是运用别具一格的设计，唤醒观众的视觉敏感度，引发共鸣，进而拉近乡村文化旅游创意产品与观众之间的距离。第三个阶段的目标是进一步增强字体的艺术性价值。通过将字体与载体完美结合，我们希望让字体具有艺术品的独特魅力，并在此基础上提高品牌的价值。

（二）字体设计的要点

1. 明确字体设计的视觉定位

乡村文旅创意产品字体设计要在品牌形象定位的基础上进行。品牌定位是针对特定的目标受众，从产品、价格、渠道、包装、服务、广告促销等方面寻找差异点，建立一个明确的、有别于竞争对手的形象，从而在市场上占据有利位置。品牌定位的过程包括市场细分和形象传播两个阶段，形象传播是在市场细分的基础上构建品牌形象并进行有效传播。品牌形象定位是品牌形象传播的基础，也是确立品牌个性的重要前提。字体设计师应全面考虑品牌形象定位，考虑品牌受众的心理特征，以合理的形式设计品牌的字体，创造良好的视觉体验，增加产品的附加值。

2. 强调字体设计的个性创造

乡村文旅创意产品字体设计应追求个性化的设计表达，通过巧妙的创意，赋予文创产品强大的艺术生命力。文创字体设计是创造性思维的产物，从设计概念的确定到字体形式的创建，都需要借助联想和想象。现代信息技术的发展为字体设计提供了强大的技术支持，为字体设计的个性创造提供了广阔的空间。在乡村文旅创意产品字体设计过程中，应充分利用信息技术，改变传统思维方式，尝试新的个性化的视觉语言。当然，在追求个性化的同时也要注意，文创字体设计并不是单纯地追求新、奇、怪，字体的个性应与乡村地域文化及品牌个性相一致，也必须和其他文创视觉要素密切配合，形成一个有机的整体。

3. 遵循字体设计的适度原则

乡村文旅创意产品上的字体具有强大的信息传达功能，是其他文创视觉元素无法替代的，丰富了文创品牌内涵的表达。通常，对于文化创意品牌的字体设计，设计师倾向于对笔画、样式甚至文本的结构进行某些改造，以使其看起来有所不同。但应该清楚的是，无论如何变形或变化，文字都必须准确传达品牌信息。因此，设计字体时，设计师必须遵循适度的设计原则，文创字体必须具有设计感且易于阅读，以便公众在看到它们时可以快速识别，无须猜测文字信息。在改造字体笔画或结构时，要注意结合字体的文本内容。文本内容是设计的出发点，所有情感的表达和想象力的生发都以文本内容和含义为基础。文创字体设计必须深入理解文本的含义，做到设计形式与内容的统一。

（三）字体设计的类型

1. 字体标识

字体标识是指没有图形标识，而直接将字体作为标识的情况，多采用图形符号化的方式来设计字体，设计应与品牌气质和调性相符合，不能太过于追求设计感而降低视觉传达的效果。字体标识的特点主要体现在图寓于字，字寓于图。将图形与文字相结合，不仅能丰富字体本身的表达效果，增强视觉冲击力，还能传达相关的品牌信息，提升品牌的文化底蕴，为受众提供更多的想象空间。

2. 印刷字体

在乡村文旅创意产品品牌的行文中需要使用印刷字体，这些印刷字体会影响品牌形象，应事先加以规划和设定。在现成的字库中选择一套或多套与品牌形象匹配的字体，字体选择不宜过多，一般控制在七八套以内。设计师需要对印刷字体，特别是汉字印刷字体的特征有详尽的了解。

汉字印刷字体是一种视觉统一的认知符号形式，要求笔形规范、形体整齐。笔形规范要求印刷字体风格统一、大小统一，满足这两点能使阅读更容易。形体的概念由两部分组成：形状和结构，因此对汉字印刷字体的研究也应该从这两部分入手。笔画是构成形状的基础，对印刷字体形状的本质研究，就是对印刷字体笔画的研究。结构是印刷字体的骨架，对于印刷字体的设计需要将形态各异的字符放置在相同大小的空间中，也就是在固定空间中对结构进行分割。

现阶段的汉字印刷字体以宋体、黑体、仿宋体、楷体为代表。宋体字形方正，笔画竖粗横细，在转折处有钝角，是应用最广泛的汉字印刷字体。黑体是一种现代字体，受到西方文字无衬线字体的影响，字体风格庄重有力、朴实大方，常用于横幅、标语、重要标题和较短篇幅的文章内容。很多品牌的标准字都是基于黑体改进设计的。仿宋体是模仿宋代刻本字样设计的字体，字形介于楷体和宋体之间，起、落笔都有钝角，娟秀雅致，一般用于正文、注释和其他说明性文字。楷体字形规整，结构严谨，笔画清晰，认读性高，多用于儿童读物和小学课本。

3. 定制字体

定制字体是乡村文旅创意产品品牌企业的专属名牌，是企业身份的象征。定制字体是根据企业文化定制属于自身品牌的字体。定制字体的适用范围仅局限于自身品牌的使用。定制字体可以清晰展示该品牌的企业文化、品牌特征，是对品牌形象的象征。设计师在为品牌设计定制字体时，需要将品牌个性注入字体当中，使文字以统一的风格展现给受众。品牌定制字体与品牌标准字体的不同在于，定制字体更接近于印刷字体，适用范围广泛，适用于品牌的所有视觉媒体；品牌标准字体则具有更强烈的艺术风格，主要与品牌标识搭配使用。定制字体发展快速的主要原因是设计师在设计过程中采用字库里的字体，很容易产生版权问题，对品牌形象发展不利。定制字体只能由品牌来使用，他人如果未经授权，是不能将定制字体用于商业用途的。随着时代的发展，字体的授权使用费用逐渐提高，定制字体可以大大降低品牌成本。

从设计要求来看，定制字体需要提高品牌的辨识度和阅读的流畅感，就是说，既要在户外媒介运用中展现品牌个性，又要在较小字体的阅读场景中不影响用户体验，所以设计难度较大。

（四）字体设计的技巧

1. 文创品牌或产品的名称选择

在设计乡村文旅创意品牌或产品时，要充分利用地域文化的优势，深入挖掘乡村地域文化的内涵，赋予乡村文旅创意品牌或产品深层次的文化内容和意义，并通过特定的符号向人们展现出来。字体设计首先要确定品牌或产品的名称，对于乡村文旅创意品牌或产品来说，应以中文名称为主。字数上，使用单个汉字最为简练，符合青年人的视觉审美，品牌感较强。不过，有些品牌或产品的性质无法用一个字来表达，或者单字表达会出现歧义，在这种情况下也可以适当增加字数，以2～4字为宜。从信息传达的角度分析，乡村文旅创意品牌或产品名称应考虑乡村地域文化、产品的品类等要素。

2. 品牌或产品视觉形象的延伸

品牌或产品视觉形象的延伸也是字体设计的一项重要工作。字体在不同载体上的表现效果是有差异的，因此，做文创字体设计要考虑品牌或产品视觉形象的延伸，根据不同的品牌或产品类型以及视觉效果的要求进行设计时，还可以针对不同的媒介进行字体的优化。例如，想要设计印在饮料杯上的文字时，需要调整字体的布局，使其在中间部分更宽敞，同时缩小字体下半部分的比例。这是因为人们通常会从上往下看杯子上的文字，采用这种设计方式更贴近人们的视觉习惯，同时也能让字体看起来更加美观。

3. 字体设计的图形化

字体设计需要考虑字形和字意两方面的因素。字形是字体造型的基础，字意是文字所代表的意义。字体设计以字体形状为视觉符号，依据文字含义来进行设计，通过两者的结合来传达信息。乡村文旅创意产品的字体设计，应根据乡村地域文化提取出文化元素符号，将这些符号融入字体中，以文字图形化的方式，将字形和字意相结合，充分体现地域特色。文字图形化是以文字为主要元素进行创意设计，将文字笔画进行合理的变形，使文字的表意转化为图形的表达。文字图形包括饰字图形、意字图形和画字图形。

饰字图形是在保证可读性和识别性的前提下，以物形替代文字或文字中的某个笔画。汉字早期的饰字图形多在民间流传，最常见的是剪纸，由于要把吉祥物形与文字结合在特定的空间，就以物形代替字的笔画或在笔画中加入物形，成为既有文字又有吉祥物形的视觉整体。拉丁文字中的饰字图形虽然在中世纪就已出现，但并没有被大规模使用，直到20世纪50年代才再次兴起。饰字图形的设计必须明确而直接，在瞬间就能将信息传达出去。

意字图形是依据字的意义，将文字笔画做巧妙而简洁的变化。由于汉字具有独特的特性，因此意字图形在汉字中得到了广泛的应用。汉字的构字特点包括象形、会意和形声，这使汉字不仅仅是一种符号，还具有传达情感的表情意义。在设计应用中，以表示意思的图形构成的意字为基础，常用于表达动词、形容词和副词等。相对于添加复杂的物形，这种设计更为简便。意字图形在展现字意的同时增加了趣味性，给观者深刻的视觉印象，是当今汉字设计的主要形式之一。

画字图形是以文字为构形元素拼合成的图形，其早期是作为一种拼字游戏出现的，直到近现代才真正形成一种构形的方法。画字图形既有字的含义，又表现了各种各样的物形，字意本身和字形构成视觉形象，带有很强的趣味性。相对于汉字而言，将拉丁文字设计成画字图形更为简便，很多西方设计师都热衷于这种方法。20世纪初期，未来派和达达派的实验对画字图形的形成有重大影响，他们尝试用各种方式来表现诗歌，通过字母的排列组合，使整首诗的文字外形酷似自然界的物形。现代印刷技术和设计软件的不断出新，进一步推动了画字图形的发展。

三、形态设计

产品形态是传递产品信息的重要元素，它可以将产品的质量、结构和内在含义等本质属性转化为外部视觉表现，并通过视觉刺激引起人们的生理和心理反应。对设计师来说，他们的设计理念最终转化为具体的形式表现出来，即通过创造性的视觉手段，呈现出设计概念的目的。因此，对于乡村文旅创意产品设计而言，形态设计是表达文化与产品本身内涵的重要方法。

（一）造型语言的运用

造型语言是一种艺术语言，如结构、形态、色彩、肌理及装饰等，同时也是一种表象符号。产品的造型语言是一种创造性功能形态的表现，是自身物质功能的阐述，不同的设计风格和流程往往具有不同的造型语言。产品造型的形象基础是产品的功能结果，产品上使用的造型语言构成应该从属于其本身确定的符号系统。符号的风格特征与表现方式彼此接近，才不会使人产生认知混乱和语义误读。

事实上，产品外观的形态是通过视觉符号传达信息的一种方式。在用户使用产品时，我们需要用符号引导其功能，并且用产品的外观设计语言将这些功能可视化，向用户传递相关的技术信息，以创造易于接受和熟悉的用户体验。

（二）对应特征的提取

特征提取是产品展现自然形态最常用的方法，提取对象可以是人文景观、历史元素或生物形态等。

如网络上销售的一款向日葵陶瓷手绘装饰盘，设计者着重表现了向日葵的巨大花盘而忽略了茎与叶，又提取了乡村常见的木质栏杆元素和塔式建筑，描绘出别样的乡村风景。

（三）已有形态的变换

在进行乡村文旅创意产品设计时，设计者应先对文化元素进行抽象提取，将提取的内容进行总结，这个过程称为形态变换，在特征提取的过程中，切忌直接将元素拿来使用。避免对对应元素的照搬照抄，应将元素进行提取和归纳后，再与合适的载体相结合。

第三节　产品设计展现

一、文字描述

文字描述一般是用一段话或者要点的集合来简略地描述产品概念。在乡村文旅创意产品设计过程中，设计者需要对收集的相关信息和资料做进一步的整理、分析和组织，这些描述性的文字一般是对事实的陈述，本身不能提供对问题的判断和解释，更不能用于设计的交流与沟通。而要使设计者发送的设计信息的意义能被受众正确解读，就需要设计师根据设计信息传递对象的不同，把与设计项目相关的、分散的、杂乱的信息进行组织，使其转换为能揭示设计本质并能用于评价、创新、交流等活动的有效信息。

二、草图绘制

草图绘制需要设计师以线条的方式将脑中已有的文旅创意产品设计构思清晰准确地表达出来，在较短的时间内表达精准是其关键。想要草图表达准确、清晰，就要兼顾诸如造型、透视、内部结构、线条流畅度、画面整体性等因素，这样才能完整还原设计师的设计构思。

除了运用三视图的绘画、组合体表示产品形态，还要有使用方法、零件图与装配图。根据实际设计情况，草图绘制又可分为：概念草图、形态草图、结构草图。

（一）概念草图

概念草图是设计的初始化表达或者造型的概念阶段，其具有继续推敲的可能性和不确定性，要求设计者后期继续深入研究，但要能表达初期的意向和概念。概念草图要求能说明设计的基本意向，具有图纸的特点以及大致的比例和形体的准确度。草图以表现设计概念为佳，通常不要求很精细。

首先，概念草图就是把一瞬间的想法画出来，是设计师脑中设计的雏形。要在此基础上将设计想法扩展延伸。这种方法可以让设计师开拓思维，并将其表达反馈在实际的视觉图像中。其次，概念草图设计具有自由化的特点，可以绘制多个草图，风格也可以不同，主要是鼓励设计师去表达自己的想法。最后，草图设计是设计师本身设计理念和定位的体现，往往决定了之后设计的发展方向。

（二）形态草图

设计者以概念草图为基础反复进行设计的论证、发展和确认，通过对概念草图的多方论证与筛选，找出具有优质设计意图的草图进一步研究与刻画，一般情况下此种草图被称为形态草图。形态草图要从产品的造型、色彩及材质等方面进行设计，做到视觉效果的直接表现，一般透视图的表现方式更为适合。形态草图使用工具更加丰富，除了绘制线条的各种笔类，还可以使用马克笔、水彩颜料等表现工具。

（三）结构草图

结构草图是当设计师经过论证、思考而得到某个可行的具体产品形象时，产品形象的各个角度特征会随着绘图的进展而逐渐清晰，此时的草图称为结构草图。在所有产品设计草图中，表现产品整体形态的图是主图，其他的辅助图形、文字、符号应围绕主图清晰地表现产品方案，使产品特征一目了然。产品视角的选择在绘制产品整体透视图时尤为重要，要选择那些能最大化地体现产品特征的角度。

1. 产品操作方式说明图

产品操作方式说明图是结合产品使用场景，通过使用的步骤图、产品与人体的关系、操作过程来展现产品。这些需要应用一些人体简图结合产品草图来表现。如果能形成完整的产品设计故事板，那就会使观者更加直观地感受到产品设计意图。

2. 产品结构分解图

在完成外观设计环节后，就要思考产品结构的问题了。产品结构分解图需要产品设计师与结构工程师沟通、协调、合作。只关注产品的外观是不全面的，产品设计更重要的是结构的稳定性、可靠性、安全性等。在相互交流结构问题时，说明性草图最具说服力。产品结构分解图不需要过多的修饰，要尽量客观地传达设计意图，防止在交流中产生歧义。

3. 产品外观尺寸图

产品外观尺寸图是产品外观尺寸的设计草图，产品的大小、高低、薄厚等具体尺寸都要一一标注。没有尺寸设计的方案是不完整的，很多时候进行方案细化时会发现产品尺寸与一些功能相互矛盾，不得不对前期的设计重新修改，这给设计进度带来了很大的阻碍。绘制设计草图过程中，要从人机工程学方面把握产品尺寸，即通常所说的人机尺寸，这也是画草图时经常忽略的一点。我们有时会把注意力集中在产品的外观和功能设计层面，而忽略了产品的内在。

三、电脑制图

在乡村文旅创意产品设计过程中，设计分为两种不同的程序：一种是工程制图，即工程师根据产品内部结构与零部件，合理地安排产品的内部结构；另一种是设计师的产品外部形态制图。设计师必须了解基本工程设计原理，熟练运用各种制图工具。乡村文旅创意产品设计制图又可以分为立体与平面两种，使用的的制图软件各不相同。

（一）平面效果图

图形设计的一个特征是平面化的表现。它将现实中的事物在二维空间中进行表现，追求画面生动、饱满、均衡的效果。二维形态的设计能以二维形态独立存在，还可以附着在三维形态的产品之上，起到装饰的作用，拓展作品表现空间，使设计价值最大化。

1. 常用的平面制图软件

（1）Adobe Photoshop

Adobe Photoshop（简称"PS"）主要处理由像素构成的数字图像，使用强大的、众多的编修与绘图工具，可以进行有效的图片编辑工作。PS在图像、图形、文字、视频、出版等各方面都有涉及。

（2）Adobe Illustrator

Adobe Illustrator（被简称"AI"）是一种应用于多媒体、出版和在线图像的工业标准矢量插画软件。作为一款功能强大的矢量图形处理工具，它主要应用于印刷出版、多媒体图像处理、互联网网页制作和专业插画等。AI具有较高的精度和控制，适合生产复杂的项目。

（3）CorelDRAW Graphics Suite

CorelDRAW Graphics Suite（简称"CorelDRAW"），是一款专用于矢量图形编辑与排版的图形制作工具软件。CoreIDRAW包含两个绘图应用程序：一个用于矢量图及页面设计，另一个用于图像编辑。这两种程序的组合给用户提供了强大的制作工具，为用户提供矢量动画、页面设计、网站制作、位图编辑和网页动画等多种制图功能。

2. 产品渲染

所谓"三分设计、七分渲染"，虽然说有些夸大其词，但在一定程度上也表明了渲染效果的作用。产品的渲染能使作品看起来更加完整、真实。渲染的目的是使观者感觉到产品的真实性，更接近于商业标准。

常用的产品渲染工具有KeyShot。KeyShot的优势有两个：第一，速度快，基本上几分钟就能出结果。KeyShot可以做到完全实时渲染，效率极高。第二，操作简单，KeyShot在工业产品的渲染方面优势突出，材质、灯光、场景都是现成的，拖动即可赋予材质，对于初学者来说简单易学。在使用时可以结合Photoshop，基本能满足产品渲染的需求。

（二）建模效果图

乡村文旅创意产品立体建模效果图应接近真实产品的视觉形式，清晰、准确地表达产品的造型、色彩、材质以及功能。经过对各种草图方案的绘制及方案论证的初步评价与筛选之后，选择可行性较强的方案在更为严格的限制条件下进行深化。设计师必须严谨、理性地综合考虑各种具体的制约因素，包括内部结构、比例尺度等。在现代的产品设计中，各种二维绘图软件及数位绘制板、计算机辅助设计建模工具是较为常见的制图形式。计算机辅助设计能有效传达设计预想的真实效果，具有手绘代替不了的优势，为下一步进行研讨与实体产品制作奠定不可或缺的基础。

计算机建模同样是一个调整的过程，可以使草图设计中的尺寸概念更加清晰，尺寸与造型不匹配时，可以在建模时根据参数进行调整，让产品更具合理性和完整性。

在建模过程中，要尽量让产品细节表现得丰富，尽量塑造产品的真实感，比如部件之间的缝隙、边缘的倒角、小图标等。

四、模型制作

在乡村文旅创意产品的设计过程中，一旦我们把设计图纸完成，接下来最重要的事情便是将它变成实体，这样可以更好地了解外观和设计理念是否匹配，并检验结构设计是否符合要求。建模技术就是为了满足这样的需要而出现的。简单来说，模型指的是在不开模具的情况下，以产品外观图纸或结构图纸为依据，先做出的一个或几个，用来检查外观或结构合理性的功能样板。

（一）模型的定义与作用

模型是用来表达设计形式的三维表现方式，通过使用各种不同的材料、结构和加工方法来实现设计图纸或仿真物体的设计意图。模型是设计过程中的一种交流工具，旨在方便设计人员之间的沟通和表达。也许有人会觉得，使用计算机辅助设计和三维建模软件可以提供具有深度感的视觉形态，并可以进行设计分析和评估。需要注意的是，这种立体形态其实是在二维平面上展示的三维形象，它与计算机建模的立体形态之间的区别在于，计算机建模是在虚拟的三维空间中构建产品形态，而模型制作则是基于真实的三维立体形态来验证抽象的二维平面立体形象。尽管今天虚拟现实技术已经十分成熟，但仍需要进行模型设计制作，这说明了在产品设计中，模型设计制作具有不可替代的重要作用。

模型是新产品开发过程中的重要环节，它能充分检验产品的创意推测和实际生产出来的产品是否统一，能更有效地反映设计师的设计思想。

由于模型与各设计阶段相互关联，借助模型可以在产品正式投产之前对设计进行展示、交流、研讨、评价、实验与综合分析，与此同时，模型为验证各种设计指标提供了实物依据。

第一，通过模型进行产品功能、结构设计的合理性分析。

第二，借助模型研究人—机—环境之间的协调关系问题。

第三，分析产品表面色彩、材质肌理、造型形态的运用是否符合产品特点及其心理感受。

第四，利用模型研究和试验新科学、新技术、新材料、新加工工艺在产品设计中实际应用的可能性。

第五，模型研究可以缩短开发周期、预测产品市场销售前景、避免盲目生产投入、进行产品生产成本核算、确定产品是否批量投产等。

（二）模型的分类

1. 草模型

草模型又称研讨性模型，在设计的初期阶段常常被用来推敲形态，或制作一些局部结构、工艺设计的初步实体形态。草模型在设计过程中的关键作用是验证和测试设计方案的可行性和可实施性。通常使用成本较低的材料，如黏土、油泥、陶土或石膏制成草模型，以便在短时间内形成产品外观，验证其设计方案是否符合实用、经济、美观、安全、舒适、文化传承和环保等设计原则。这种模型制作方式能在设计构思的初期阶段快速、高效地记录设计想法，因而非常实用。

2. 仿真模型

仿真模型是一种实体模型，用于模拟设计和生产制造之间的过程。这类模型非常逼真，可以完整地展示设计信息，同时具有出色的触感、视觉效果和虚拟操控性，因此可以直接用作展示样品。这种模型的制作属于难度较高的模型制作技巧。在实际生产中，我们应当尽量选择与实际产品相同的材料，同时要保证产品的结构、功能、质量、人机交互，以及外观特点与实际产品相似。除此之外，我们还需要确保外部和内部机制的真实性和完整性，以便达到良好的视觉、触觉、听觉和认知效果，同时还需注重心理感知。

仿真模型通常采用玻璃钢、塑料、木制、硅橡胶和金属等材料。下面我们重点介绍一下玻璃钢仿真模型和塑料仿真模型：

（1）玻璃钢仿真模型

在塑料中添加玻璃纤维，能增强其性能，常被称作玻璃钢。玻璃钢使用的材料分为玻璃纤维与合成树脂两大类。它是一种由塑料基体和玻璃纤维增强材料构成的复合材料。玻璃纤维作为骨架材料，合成树脂则与玻璃纤维共同承担载荷，同样也被称为基体或胶黏剂。由此可知，骨材或增强材料就是一种玻璃纤维。不饱和聚酯树脂、环氧树脂或酚醛树脂都可以作为塑料基体。

液态透明或半透明、具有黏稠质地的物体，是多种不饱和聚酯树脂的常见类型。添加固化剂和促进剂后，树脂可固化成形。通过控制投入固化剂和促进剂的量，可以调节树脂的固化时间。在树脂还没有固化之前，它仍处于液态状态。利用这种反应特性，在树脂固化之前，可以手工制作形态复杂的玻璃钢模型。

尽管固化后的不饱和聚酯树脂在强度和硬度上表现出色，但其刚性还有改进的空间。固化反应会产生热量，从而引起热收缩现象。玻璃纤维及其制品对玻璃钢质量的影响十分显著。如玻璃纤维布方向的不同、纱线粗细、孔径大小和纤维本身质量等因素都会对玻璃钢的性能造成影响，导致其在不同方向承受的力不均匀，容易发生变形。

（2）塑料仿真模型

构成塑料的原料是合成树脂和助剂（又称添加剂），合成树脂种类繁多，如果按照合成树脂是否具有可重复加工性能对其进行分类，可将合成树脂分为热塑性树脂和热固性树脂两大类。热塑性树脂有聚乙烯树脂、聚丙烯树脂、聚氯乙烯树脂等，在加工成型过程中，一般只发生熔融、溶解、塑化、凝固等物理变化，可以多次加工或回收，具有可重复加工的性能。热固性树脂有不饱和聚酯树脂、环氧树脂或酚醛树脂等，在加热或固化剂等作用下发生交联而不熔，不能再进行回收利用，缺失可重复加工性。助剂主要包括稳定剂、润滑剂、着色剂、增塑剂、填料等。根据不同用途加入防静电剂、防霉剂、紫外线吸收剂、发泡剂、玻璃纤维等能使塑料具有特殊使用性能。

由于树脂有热塑性和热固性之分，加入添加剂后分别称为热塑性塑料和热固性塑料。利用塑料的加工特性，合理选用热塑性塑料和热固性塑料作为产品模型制作的材料。热塑性塑料的半成品材料具有较好的弹性、韧性，强度也比较高，其质地细腻，表面光滑，色泽鲜艳，常见的有无色透明、红、蓝、绿、黄、棕、白、黑等颜色。

热塑性材料遇热变软、熔化，具有良好的模塑性能。另外，热塑性材料具备机加工性能，可以进行车、铣、钻、磨等加工，模塑加工或机加工成型后的模型精致、美观，适于制作展示模型与样机外壳。热塑性塑料也有易变形、刚性差等缺陷，采用塑料制作模型成本较高，加工过程中对设备、工具及制作技术要求等都比较严格。手工模型制作中常使用聚甲基丙烯酸甲酯（PMMA 有机玻璃）、丙烯腈、丁二烯、苯乙烯（ABS）、聚氯乙烯（PVC）等热塑性塑料作为模型材料。热塑性塑料同样适于制作交流展示模型和手板样机模型。

3. 实物模型

实物模型指的是在产品建模的最终阶段取得的成果，通过详细描述制品及其构成要素的特性，能确定产品在使用状态下的表现。实物模型是一种能精确呈现设计产品外观，并且内部集成了机芯以模拟真实工作情况的产品模型，在生产前可以作为重要参考依据。作为实物模型的设计师，必须先了解产品设计要求以及制作工艺特点，并据此绘制出符合要求的模型图纸。随后，制作样机模型的过程将依据这些图纸进行。

实物模型的外观和结构与产品图样完全一致，而且模型内部的空间构造也与设计图纸基本一致。这样的实体模型能逼真地呈现产品的功能特性。设计师与其他开发人员协作，运用实物模型探讨装配构建的关系，明确定义设计参数以及制造工艺等方面的问题，并且评估模具成本，并完成小批量试生产。由于实物模型需要同时满足外观和功能要求并用于展示，因此，通常使用塑料或实际产品所用的材料来制作。

制作模型是将艺术和科技相融合的设计方式，目的是将产品设计中的功能、技术和艺术元素完美结合，是设计过程中至关重要的步骤之一。此外，模型制作的过程与设计过程密不可分，二者相互依存。因此，对于设计师来说，了解模型制作的方法是必不可少的。熟练运用模型技术设计更高质量的产品，旨在通过设计提升人们的生活品质，真正实现以人为中心的设计思想。

4. FDM 三维快速成型技术

利用 FDM 三维快速成型技术可以将电脑中虚拟的三维产品设计立体化地打印出来，真实地感受和验证产品的形态、结构和特征，比二维的屏幕和图纸展示更直观、生动，对于设计师的创作启发和优化产品方案具有显著的作用。同时，这种技术比较经济，使用这项技术，设计人员可以更迅速地检测到设计中的错误。FDM 技术生产的模型是设计和非技术部门之间进行沟通的工具。

（三）模型制作的必要性

在乡村文旅创意产品的设计中，模型制作扮演着至关重要的角色。通过模型制作，我们可以培养三维设计技能，同时促进我们的创造性思维并实现创新性的设计过程。除此之外，该模型还可作为实物基础，用于展示、评估和验证设计方案。利用模型，我们可以提前预测、反馈和获取各种设计指标。模型制作可综合考核设计内容的正确性以及检验设计方案是否符合要求。

1. 检验外观设计

模型不仅可以被看到，还可以被触摸。以实物形式呈现设计师的创意，使设计更加直观，避免了"看起来好但实际不可行"的问题。因此，在开发乡村文旅创意产品新品并推敲产品外形时，模型制作是必需的。

2. 检验结构设计

因为模型是可装配的，所以它可以直观地反映出结构的合理与否、安装的难易程度，便于及早发现问题、解决问题。

3. 避免直接开模具的风险性

模具制造费用昂贵。若在制造过程中发现结构不合理或其他问题，将会产生较大的损失。进行模型制作，可以减轻开模风险，减少相关损失。

4. 使产品面世时间大大提前

因为模型制作的先行性，设计者能在模具开发完成之前使用模型进行产品宣传，提前抢占市场。

（四）模型制作的原则

模型制作既是设计理念的表达，同时也是设计理念的其余部分呈现和优化的过程，可以使设计理念更完整，使设计产品更趋于完美和合理。像其他设计表现手段一样，产品模型制作也有其特定的规则和原则可以遵循。

1. 思考性原则

模型制作是一项立体化的、具有较强实践性的工作，其过程绝不是单一的模型加工过程。模型制作过程中应对设计构思的材、色、质、型等因素进行周密、全面、反复的思考、改进和完善，对设计理念与设计思维进行不断的纠偏、深化。可以说，对设计构思不断地缜密思考、推敲，贯穿于模型制作过程的始终，往往一些新的设计灵感来源于模型制作过程。在设计理念被不断整理的同时，思考、总结、探索更合理的模型制作工艺、方法、流程也是此阶段必不可少的工作。

2. 创新性原则

在模型制作过程中，创新性原则主要体现在设计构思创新与制作工艺材料的创新上。伴随着模型制作的进程，设计者与模型实体之间存在着一定"互动效应"，思维与实践的"差距"常常成为创新的"源泉"，尝试与比较是必要的创新过程。同时，模型的制作带有"巧夺天工"的色彩，合理地运用新材料（或替代材料）、新工艺，从而低成本、高效地完成模型制作也需要不断地创新与探索。

3. 制造性原则

模型制作的过程也是一个设计理念与实际制造生产不断碰撞、贴近的过程，现有的加工工艺、制造手段是模型制作过程中必须考虑的原则。预测采用何种材料生产、何种加工工艺生产制造，是模型制作必须面对的问题，并且贯穿模型制作的各个环节。

第五章　乡村文旅创意产品设计实践

本章主要内容是乡村文旅创意产品设计实践，分别列举了四个不同地方的文旅创意产品设计，依次是绥德乡村文旅创意产品设计实践、藁城"三宫"文旅创意产品设计实践、葫芦庐小镇文旅创意产品设计实践、博兴县湾头村文旅创意产品设计实践。

第一节　绥德乡村文旅创意产品设计实践

一、"好狮连连"文旅创意产品设计实践

（一）绥德地域文化元素的挖掘与提炼

1. 文化景点特征分析

（1）天下名州石牌楼

石牌楼位于绥德县城东南，这座建筑不仅具有实用性，更承载了深厚的文化内涵和寓意。石牌楼的设计匠心独运，为"五门六柱十九楼"，其"五门"寓意着对未来的热切期盼与开放包容的胸怀，"六柱"则代表着"大顺"。在十九楼的布局中，数字的运用也富有深意。其中，"十"寓意新的起点，象征着无限的可能与崭新的征程，而九则代表着丰盛与繁荣。石牌楼的每一层楼都有其独特的造型和装饰，整个建筑群十分宏伟壮观。石牌楼的特色是牌楼的飞檐与五门结构。上部牌楼的细节经过精心雕琢，无论是飞檐的曲线，还是门洞的装饰，都精致且典雅。

（2）石魂广场

石魂广场二期城门楼矗立于广场的北端，它设计独特，上部耸立着城楼，下部则巧妙地设置了门洞，连接山下与山顶，使得整个建筑既有实用性又不失庄重

感。门额之上，镌刻着"乾元得路"四个大字，字体遒劲有力，展现了绥德县与绥德人民的豪迈气魄与自信风采。绘制时，通过前后布局，使整幅画面充满了庄重与神圣之感。房檐处的线条细密交织与牌匾周围城墙的简洁留白形成了鲜明的对比，使整个画面更加生动有力。这座城门楼的设计将传统文化精髓与现代审美理念相融合，凸显了建筑的历史文化价值与艺术特色。

（3）千狮大桥

千狮大桥横跨绥德县城东的无定河，以其独特的石狮群雕而名扬四海。其拥有数量庞大、形态各异、大小不一的石狮，总数达1008只，数量之丰，超越了北京卢沟桥的石狮数量，因而这座桥赢得了"天下第一狮桥"的美誉。这些石狮不仅是精美的艺术品，更承载着深厚的历史文化底蕴，承载着历史的沧桑。在描绘千狮大桥时，我们充分考虑了桥体的整体布局及未来作为背景画面的需求。因此，特别突出了桥身的雄伟气势。大桥的刻画注重体现立体感与空间感，画面庄重有序，具有独特的韵味。

（4）党氏庄园

党氏庄园窑洞是一处地下住宅群，以土、木质天然材料为基石，巧妙地利用自然山体进行挖掘。走进党氏庄园，映入眼帘的是一个个窑洞，每个窑洞都拥有独立的院落，院落内绿树成荫，环境宁静优美。同时，窑洞还配备了通风系统，确保室内空气的流通与清新，使居住者能享受到更加舒适的生活体验。在窑洞内部，砖石结构坚固耐用，墙面经过专业的防水处理，有效防止了潮湿和渗水现象的发生。屋顶则覆盖卵石和树枝，既能保持室内的温度，又能抵御风雨的侵袭。这种独特的建筑形式兼具传统文化内涵与现代建筑智慧，在传承传统文化的同时，也充分发挥了地下建筑的优势。

2.地域物产特征分析

绥德地区拥有许多特色物产，例如，绥德红枣、山地苹果、核桃等，在产品设计中，设计师通过观察和分析，发现这些特产在形态上具有一定的共性，设计师借助提炼和抽象手法，巧妙地运用这些共性元素，将这些自然形态转化为简洁而富有张力的线条和图案，融入产品的外观设计中。同时，他们还注重运用色彩搭配和材质选择，使产品更具视觉冲击力。这种设计方式不仅符合人们的审美需求，更能凸显产品的自然、精致之美。这种从自然界汲取灵感的设计方式，也充分展现了人类与自然和谐共生的理念，既满足了人们的审美需求，又传递了一种环保、可持续的设计价值观。

3.民俗文化特征分析

（1）剪纸艺术

剪纸艺术是中国人民智慧的结晶，是人们对美好生活的向往与憧憬的生动体现。在陕北地区，剪纸艺术尤为盛行。这里的剪纸作品以简洁明快的线条和生动形象的图案展现了陕北人民对生活的独特理解和感悟。陕北剪纸艺术人善于从现实生活中汲取灵感，将自然景物、人物故事等元素巧妙地融入剪纸作品之中，使作品充满生活气息和真挚情感。陕北剪纸的创作过程看似简单，却要求剪纸人具有深厚的艺术功底和独特的审美观念。剪纸艺术的独特之处在于其装饰性和色彩性的完美结合。剪纸作品通常以鲜艳的色彩和精美的图案吸引人们的目光，让人们在欣赏中受到美的熏陶。如今，剪纸艺术已经走出陕北，走向全国甚至全世界，成为展示中国传统文化的重要窗口。

（2）陕北秧歌

陕北秧歌是一种独具地方特色的民间艺术，其服饰色彩体系尤为引人注目。陕北秧歌的服饰色彩以红、绿、黄、蓝等鲜艳的高纯度色彩为主导，蕴含着丰富的文化内涵，使整个表演充满浓厚的地域风情和文化底蕴。在深入挖掘绥德地区陕北秧歌服饰色彩的过程中，设计者通过对色彩的提炼与整理，从艺术设计的视角出发，对经典主色与辅助色进行了深入剖析，在充分理解陕北秧歌文化内涵和审美特点的基础上，注重把握色彩之间的协调与平衡，巧妙地运用对比、渐变等手法，使产品设计中秧歌服饰的色彩既丰富多彩，又和谐统一。这种独特的色彩搭配方式，不仅凸显了陕北秧歌的地方特色，也展现了传统文化与现代审美之间的和谐共生。

（3）绥德石雕

绥德石雕文化源远流长，其中最具特色的便是石狮文化。绥德石狮的雕刻技艺堪称一绝，石雕艺人凭借精湛的技艺和丰富的想象力，将一块块普通的石头雕刻成栩栩如生的石狮。他们巧妙地运用线条和色彩，将石狮的神态和气质表现得淋漓尽致。绥德石狮的制作历史可追溯至唐朝，历经千年仍然焕发着勃勃生机，彰显着石雕艺术的传承与创新。在形态上，绥德石狮可分为大石狮与小石狮两种。

大石狮雄伟壮观，气势磅礴，常常用于庙宇、城门等庄重场合，而小石狮则精致小巧，常见于家庭院落、公共场所等地，其可爱活泼的形象象征着欢乐与吉祥。在陕北地区，绥德石狮承载着丰富的民俗文化内涵。它们不仅是石雕艺术的杰作，更是民间信仰与文化的生动体现，有的寓意守护家园、辟邪驱恶，有的则代表着招财进宝、祈福纳祥。在造型上，绥德石狮形态各异，栩栩如生。有的石狮威猛雄壮，昂首挺胸；有的则憨态可掬，惹人喜爱。这些石狮不仅具有装饰作用，还是人们对美好生活的向往与追求的生动体现。绥德石狮以其悠久的历史、丰富的文化内涵和独特的艺术魅力，成为绥德石雕文化的精髓。

在设计石狮吉祥物形象的过程中，设计师选择了六个富有艺术感染力的形象作为设计基础。为了使吉祥物形象更加生动活泼，设计师巧妙地运用了夸张变形的手法，通过夸张的线条、色彩和造型，对提取的石狮图形进行了卡通化的处理，使吉祥物形象更加醒目。同时，这种设计手法也增强了吉祥物形象的互动性，使其更具亲和力，更容易与观众产生共鸣。在创作过程中，设计师注重将石狮元素与吉祥物形象进行有机结合。除了对石狮元素的运用，设计师还充分考虑了吉祥物的文化内涵。他们通过深入研究石狮文化的历史渊源、传说故事等，为吉祥物注入了深厚的文化内涵。最终，经过反复修改与完善，设计师成功打造出一个既蕴含深厚文化内涵，又具有市场价值的吉祥物形象。

（二）"好狮连连"文旅创意产品品牌定位

"好狮连连"乡旅文创品牌致力于将乡村旅游与文化遗产相融合，为游客带来一次深刻而难忘的文化体验。为了将绥德的乡村文化与旅游资源推向市场，精心打造了一系列兼具创意与设计感的系列产品。这些产品不仅注重实用性，更在细节之处融入了对绥德乡村文化的深度解读和独特表达。

乡村旅游文创品牌的设计定位在整个设计流程中占据引领和指导的地位，这个过程并不是简单地对现有文创产品的改造或美化，更像是一个战略性的决策过程，需要设计者拥有敏锐的市场洞察力，能准确捕捉市场动态，并根据市场变化灵活调整品牌定位策略。乡村旅游文创品牌的设计定位，首先需要从深入挖掘乡村文化特色入手。每个乡村都有其独特的历史背景、地域文化和民俗风情，这些都是设计定位的重要素材和灵感来源。设计者需要通过实地调研以及与当地居民的深入交流以及查阅相关资料等方式，全面了解乡村文化的内涵和特点，进而提炼出能代表乡村特色的文化元素。在确定乡村文化特色之后，设计者需要将这些元素融入文创产品的设计中，形成独特的产品风格。同时，设计者还需要考虑产品的实用性和美观性，确保产品既能满足消费者的审美需求，又具有一定的实用价值。只有通过深入挖掘乡村文化特色、精准定位市场需求、不断创新设计思路，才能打造出具有独特魅力和市场竞争力的乡村旅游文创品牌。

（1）受众人群分析

在乡村旅游文创产品的设计实践中，必须全面而深入地考虑受众人群的需求。乡村旅游的受众群体多样，包括城市居民、文化爱好者、家庭游客等。不同的受众群体对文创产品的需求也有所不同，因此，在设计之初，我们需要对目标受众进行精准定位，了解他们的审美偏好、消费习惯以及文化需求。乡村文化是中国传统文化的重要组成部分，具有丰富的历史底蕴和独特的艺术价值。在设计文创产品时，我们可以借鉴乡村的传统元素，将其巧妙地融入产品中，让游客在欣赏和使用产品时，能够感受到乡村文化的独特魅力。

（2）地域文化分析

乡村旅游文创产品作为文化表达与传播的重要载体，其设计过程不仅需要紧密围绕对文化的深度理解与挖掘，还需要在设计中融入创意，使产品既具有实用性又富有文化内涵。绥德县的乡村文化在多元化的地理与历史背景下，不仅与各类原始文化相互交融、共生共存，还保持着自身独特的文化风貌，为乡村旅游文创产品的设计提供了丰富的素材与灵感。绥德石狮以其雄浑的气势和精湛的工艺成为当地文化的一大亮点，这些石狮不仅造型独特，寓意深刻，更蕴含着丰富的历史信息与时代价值。此外，绥德剪纸艺术也以其精巧细腻、寓意丰富的特点广受赞誉。"好狮连连"品牌的设计理念正是基于对这些文化元素的深度提炼与创新运用。品牌设计师通过对绥德石狮、剪纸艺术等文化元素的深入研究与挖掘，提炼出其中的精髓，并巧妙地将它们融入文创产品的设计中。在文创产品的设计过程中，设计师运用创新的视角和手法将文化元素融入产品，他们通过运用现代设计理念、材质和工艺，使文创产品既具有传统韵味又不失现代感。这种设计方式不仅满足了现代消费者的审美需求，也使他们能更好地理解和感受陕北文化的独特魅力。

（3）情感定位分析

在品牌塑造的过程中，情感定位无疑是品牌价值的核心要素之一。一个成功的品牌，不仅要满足消费者的基本需求，更要触动他们的心灵，满足他们深层次的心理期待。因此，在打造绥德地区品牌时，我们要深入挖掘绥德人民的情感世界，将他们的情感特质融入品牌理念中，使品牌具有更强的情感共鸣。

（三）品牌标识设计

在品牌形象设计中，"好狮连连"扎根乡土，打造地方特色，彰显地方文化，以突出品牌与当地乡土文化之间的紧密联系。

在进行品牌设计时，选择合适的字体是非常重要的一步，因为字体作为品牌视觉形象的基础，是品牌标识的核心组成部分。而针对"好狮连连"品牌的命名，将传统汉字作为品牌设计元素是非常有吸引力的，这种选择不仅使品牌标识兼具深厚的文化底蕴和让人喜爱的视觉美感，同时也强调了该品牌的地域性和民族特色。可塑性强的字体设计能充分满足品牌在不同媒介平台下呈现的需要，增加品牌形象的稳定性和一致性，从而更好地得到消费者的认可和加深对此地旅游的记忆。

将汉字作为"好狮连连"品牌标识设计的基础构成，可以突出民族文化特色和当地地域特点，使其更加适应旅游文化产业的发展需求，同时也可以为品牌在市场中创造差异性，提高企业的商业竞争力。最终，这个品牌设计策略将有助于进一步加强品牌的知名度和美誉度，培养消费者对品牌的忠诚度和认同感，从而带动绥德县旅游文化产业的发展和壮大。

品牌标识作为品牌形象的核心表现，必须具有代表性和集中性。在这种情况下，字体设计就显得尤为重要，因为它能形象地表达品牌概念，强调其持久、独特和易传播的特性。在此基础上，针对"好狮连连"品牌的命名，设计者采用石雕和陕北腰鼓元素等多种表现方式进行探索，并尝试设计出多种字体标识，以期达到最佳的视觉效果。最终的设计方案充分运用了石狮子头像的特点和剪纸元素，再结合"好狮连连"的字体设计，通过替换法、分解重构法、共用法和叠加法等反复调整，最终取得了最佳的视觉效果。

"好狮连连"品牌标识设计不仅能突出品牌的民俗文化特色，也可以增强品牌标识的可识性和记忆度，是一个非常成功的品牌标识设计策略。"好狮连连"

品牌设计方案使标识显得更加美观、更有吸引力并更容易被记住，具有很强的辨识度和文化内涵，能有效地传达品牌的价值主张和文化特色，有效提高品牌在市场竞争中的知名度和美誉度，为绥德县旅游文化产业的发展做出了贡献。

（四）产品设计

"好狮连连"品牌开发以人群特点为依据，充分考虑了各个年龄段用户的需求和偏好，针对性地推出六个不同系列的产品。

第一个系列推出的绘本、拼图设计充分关注了青少年色彩敏感的特点，运用丰富多彩的色彩搭配和创新的设计理念，旨在激发青少年的创造力和想象力。第二个系列着眼于青年人群追求新潮的特点，将户外产品与时尚元素巧妙融合，充满活力和创意。第三个系列是针对中年人群回馈亲友的礼物特产，注重精美包装和实用性，让中年用户可以通过这些礼品表达自己的情感和心意。第四个系列徽标产品针对青年人群，方便易携带，可作为独特的装饰品。第五个系列主要面向中老年人群，通过创新的明信片设计，满足中老年用户的收藏爱好和审美需求。第六个系列主要面向女性用户，以丝巾、杯垫为主打产品，结合个性化的设计元素和高品质的面料，注重展现女性用户的独特气质和品位。总之，该品牌开发针对不同年龄段用户在消费中存在的差异，通过有针对性地推出产品，力求满足不同用户的需求和偏好，以提高市场竞争力和品牌知名度。下面选择了涂鸦画卷拼图系列、户外旅游品类的部分产品进行分析。

（1）涂鸦画卷拼图系列

涂鸦画卷拼图系列的设计选取绥德的建筑形态文化元素，对其中蕴含的美学特征、文化内涵、人文精神等进行重构与解读，以此为新的推动力，为绥德的乡村旅游提供一种新的发展方向，同时，要考虑到当代消费者的心理需要，创造出一种符合当代受众审美和情感诉求的新产品，让消费者在使用的过程中感知绥德的地方文化特色。

涂鸦画卷已成为现代年轻人缓解压力和放松心情的一种流行方式，受到了越来越多年轻人的喜爱。涂鸦画卷具备观赏、实用和展示等多重价值，另外，游客也可以通过这种形式进行情感交流，进一步加深旅游的体验感。

设计者选取了具有丰富美学价值、具有地域特色的绥德建筑物进行元素提取，并以涂鸦画卷作为文化表达的载体，将建筑物形态文化与备受喜爱的绥德石狮合二为一，回归到日常生活中。在方案设计过程中，设计者对建筑形态和石狮元素进行了提取和提炼，简化了主要结构，使视觉表达变得简单、直接、传神。这种方法不仅能让消费者更好地认知和识别地域文化元素，还可以宣传品牌，同时弘扬当地的文化特色，实现多重价值的融合。

涂鸦画卷套装便捷易携带，每套包含十幅绘画作品，附赠一个相框和一套绘画工具，游客可将绘画好的作品裁剪装裱，为自己留下一份有意义的纪念品。在这种交互作用下，既能增强人们对绥德的记忆度，又能将其作为一个认识当地历史文化的"窗口"，还能将其与当地文化的新创意、新形象等有机结合，从而达到用画笔描绘"乡土风情"的目的。

（2）户外旅游品类系列

户外旅游品类系列产品主要针对户外旅游市场而设计，包括帆布袋和T恤衫等产品。帆布袋轻便简单，非常适合游客户外活动的需求。此外，该材料环保，体现了简约、朴素的生活态度，符合乡旅的整体诉求。户外旅游所需要的产品设计重在将文化形象转印到实物上，起到纪念装饰的作用。白色T恤衫正反面印有"好狮连连"品牌标识和主视觉图案，从理念层面传达了乡村旅游的形象，同时注重产品设计的实用性和美观性。

二、汉画像石馆文旅创意产品设计实践

（一）汉画像石馆资源梳理

1. 刻石资源

绥德汉画像石馆共有上下两层，一层为窑洞，二层为框架结构。一层展示空间有窑洞和序厅，窑洞画像石以单独陈列为主，布局疏朗有致。二层空间展示画像石，以完整组合为主。

画像石刻石的展馆结构以窑洞造型为基础，以题材的不同来划分，分别有历史故事、车马出行、神话传说、汉代杂技、放牧与狩猎、乐舞百戏、铺首与四灵、农耕与建筑等分馆。下面对其中比较重要的题材进行简单介绍：

历史故事题材内容有：二桃杀三士、荆轲刺秦王、孔子见老子、周公辅成王、

完璧归赵等。车马出行在汉代极为盛行，从驾车的马匹数、导从车的数量、骑吏的数量、车舆形制等方面都有严格的等级规定。神话传说题材主要有伏羲、女娲、西王母、东王公、牛头神、鸡首仙等形象，表达了汉代人浓厚的升仙思想。

在画像石的放牧和狩猎主题馆中，放牧题材的画像石在陕北汉画像石中占有很大的比例，画面中的羊群有的低头吃草，有的在奔跑嬉戏。狩猎题材中，狩猎者骁勇强悍，跨坐在骏马上上腾下跃，野兽在四处逃窜，好不热闹。表示祥瑞的有龙、凤、麒麟、仙鹤等，表示升仙的有仙人乘鹿、仙人乘龙、虎车升仙，表示辟邪的有白虎、铺首衔环、熊等，汉代农业发展快速，耕作技术和农业工具都有重大创新和突破。汉代画像石上的农业生产题材十分广泛，如牛耕、锄地、收割等画面，反映了古代劳动人民的勤劳与智慧。

2. 文物资源

陕西绥德汉画像石馆除了藏有丰富的汉画像石刻石资源，还展出了此地出土的陶制器物和青铜器物。陶制的器物有：茧形壶，壶身茧形，壶身上有弦纹装饰，简约大方；弦纹灰陶仓；灰陶井，整个器物分为两个部分，下半部分是井身井口，上半部分是水井的外部结构，制作精致，记录了汉代水井的形态；灰陶鼎，底部靠三条鼎足支撑，鼎外部光滑，装饰简洁。还有灰陶鸭和灰陶猪，形象饱满圆润，憨态可掬。青铜器具有：龟灶，汉代炉灶的缩小版，底部由三条细小的腿支撑，上部有烧饭的器具和烟囱，记录了汉代百姓锅灶的外部形象和组成部件，是珍贵的考古资料；还有素面青铜鼎、提梁壶等。

（二）汉画像石馆文旅创意设计

1. "庖厨图"系列家居日常生活用品

汉画像石庖厨图原刻石记录了东汉时期人们杀猪、宰羊和烹饪的过程，图式清晰，线条流畅简约，概括性强，寥寥几笔就把汉代人庖厨宴饮的生活状态完整表现出来。庖厨图题材也是绥德汉画像石馆的一大特色，汉画像石的重要研究价值在于它图式的特点，它的设计保留汉画像石的原有图式，用当代设计理念将庖厨图进行再设计，最后设计出一款波普风格的庖厨图系列插画。

设计者将"庖厨图"的系列插画设计成扁平化的风格，在配色上采用了波普风强烈的色彩对比风格，背景采用点与线来装饰、填充画面，使画面效果在视觉上达到平衡，插画设计上的装饰使观众摆脱了对汉画像石固有沉闷庄严的标签化映像，对汉画像石有一个全新的认识，从庄严的展览馆出来，再进入博物馆商店的时候，能切换成轻松愉快的心情。

该系列产品有装饰画、T恤、靠枕、手提袋等，将插画印在这些产品上，让使用者产生审美愉悦。

2. 吉祥寓意图案系列餐具

设计者从汉画像石棺文物中提取了寓意吉祥的元素，设计了中式餐盘。该系列餐盘配色高雅，图案与底色完美融合，形象设计既生动又富有寓意。

3. "二桃杀三士"历史故事主题U盘

设计者以汉画像石历史故事题材"二桃杀三士"里的人物形象为灵感设计了主题U盘。该产品形象灵动，趣味诙谐，色彩搭配和谐，同时又保存了汉画像石馆人物的特征，深受消费者喜爱。

第二节 藁城"三宫"文旅创意产品设计实践

一、藁城"三宫"文化特色

近年来，在藁城区政府的大力支持和鼓励下，藁城"三宫"文化产业一直在充分地探索藁城宫灯、藁城宫面、藁城宫酒的文化价值，弘扬这些优秀的工艺技艺，坚持改良的创新道路，为藁城经济发展输入新的动能。在创新藁城"三宫"文化的征途中，坚持不懈努力，提取"三宫"各自本身的文化符号，结合藁城本土独特的文化符号，使藁城"三宫"地区文化的特色符号得到深入挖掘，展现其应有的传播价值。

（一）藁城宫灯外观工艺与艺术特征

藁城传统红纱宫灯起源于东汉，这种灯笼是由古人用的纱罩灯演变而来的。这种红纱宫灯的艺术特点主要体现在华丽的外表、精湛的工艺、独特的造型三个方面。

藁城传统宫灯均为手工制作。从造型上看，宫灯的造型以主架撑起，呈椭圆状。宫灯的主架由经过劈、刮、打眼、穿丝而成的竹条打磨成型，灯体上下两灯座部分用木材铣圆并开豁口，最终与主架组装形成完整的灯笼骨架。藁城宫灯的外敷绸布为红色，一是防风透光，二是美观雅致。红绸布在中国传统文化中具有重要的意义，往往代表着幸福，是繁荣和祝福的象征。传统红纱宫灯红彤彤的视觉特征象征着红红火火、圆圆满满，契合了人们恰逢节日、民俗活动的色彩需求。例如，在一些传统的活动开幕式、典礼、婚礼等场合常常会使用红绸布来做空间装饰或剪彩。红绸布不仅传递出中国民间的色彩文化符号，还表达了传统宫灯轻盈的质感，红绸布与传统宫灯的结合也是中国传统民俗色彩符号应用于手工艺制作的典范。除此之外，灯罩的收口区域镶嵌的金黄色纹饰更是红纱宫灯的点睛之处。

（二）藁城宫面的产品特色

市场上在售的藁城宫面产品的形态与手工挂面极其相似，但藁城宫面的特征体现在其制作流程的各个阶段，不同工艺状态下可以捕捉到不同的艺术特点。视觉特征主要体现在和面、盘面、上轴、分面、上架、拉拽和晾晒等几个重要环节。

宫面制作的第一步是和面。藁城地区土壤肥沃、降水充沛、日照充足，有条件孕育富含极高蛋白质的强筋麦，宫面的原料全部精挑细选自这种优质的本土小麦。这种强筋小麦面粉掺水和成的面呈现出饱满又蓬松、光滑又有弹力的状态。中间环节的盘面步骤需手工艺人控制手速，这个过程不可停顿，要求是一根面绳从头到尾不可断裂，一边搓条一边将搓完的面绳顺时针盘旋，视觉上连贯有力。上轴后拽条的过程会形成长线密布的拉丝状态，面条纤细，根根分明。通过力的作用，在人工拉拽的同时面条的筋力也随之挥发出来，在这种状态下面条的韧性彰显得淋漓尽致，形成大面积线"织"面的视觉美感。

经过拉拽的工序后，最后一阶段是将悬挂起来的宫面自然风干，随着水分的蒸发，宫面逐渐变干。风干后的宫面呈空心结构，可以穿过针孔，可以在水中吹气泡，呈现出纤细笔直的形态。

藁城宫面在不同阶段的制作流程蕴含着多样化的艺术特点，严谨的手工技艺，造就出"面细针能穿，空心有韧性"的宫面。对宫面不同制作环节的艺术特征的梳理为后期的设计实践打下坚实的基础。

(三)藁城宫酒的工艺特点

藁城宫酒酿造技艺独具匠心。现在的藁城宫酒仍在不断深入地挖掘传统酿酒技艺,在传承中发展,与现代酿酒工艺相结合,焕发出新的活力。

藁城宫酒现代窖藏的过程依然夹杂着传统作坊式酿酒的特征,藁城宫酒厂仍旧保留着20世纪留下来的古酒木海,储藏着几十年的陈年老酒,整个酒窖弥漫着浓郁的酒香。从藁城宫酒的生产环境上看,又呈现出规模化、工业化的特点。在藁城宫酒厂的酿酒车间,整个车间有批量的酒坛用糠埋藏以达到让酒浆降温的条件。酒坛的坛口红绸布与重色的酒坛浑然一体,传递着宫酒文化的厚重感。最能体现藁城宫酒酿制技艺工业感特征的是蒸馏环节,酿酒的原料经过网筛后成堆成堆地分布在蒸馏设备一旁,经过现代机械的蒸馏设备在管道的尽头以液态酒体流出,酒体微黄,清澈透亮,酒分子挥发着醇厚的香气弥漫在整个蒸馏车间内。从藁城宫酒的生产工具及容器的进化过程分析,藁城宫酒透露着自然、古朴的历史韵味。因最初发现的酿酒器具源自藁城出土的商代文明遗址,如陶鬲这样的酒容器遍布斑驳,质感粗糙,增添了藁城宫酒质朴的气息。而如今的储酒容器逐步变成了大容量工业罐的装置容器,从原料到蒸馏过程的设备一体化,更具现代工业化的生产特点。

二、藁城"三宫"乡村文旅创意产品设计理论

(一)藁城"三宫"乡村文旅创意产品设计原则

1.地域性设计原则

"三宫"文化创意产品是传递藁城文化精髓的关键媒介,在设计过程中需要注重凸显当地的文化特色和人文情怀。设计师通过对"三宫"文化的深入研究,将其中的精髓元素巧妙地融入产品设计中,使每一件产品都充满了浓郁的地域特色和人文气息。此外,本土文化衍生产品的设计,还需要充分考虑本土居民的需求和审美。通过设计符合当地民众喜好的文化产品,不仅能增强本土居民对本土文化的自豪感和归属感,还能吸引更多的游客前来体验乡村文化的魅力。随着时代的演进,藁城"三宫"文化产品也在与时俱进。在农业文明时期,其以独特的形式和内容,满足了人们的精神需求。在现代产业化生产模式下,它则逐渐被打

造成了一种独具特色的文化产品，成为推动乡村文旅发展的重要力量。

2. 艺术性原则

在当今社会，随着大众审美意识的日益提升，消费者在选购文化创意产品时，对产品的考量标准也愈发全面。他们不仅关注产品的实用性，更重视产品的设计特点、文化内涵以及美学价值等多方面的因素。藁城的传统宫灯、宫面产品和宫酒文化产品都在传达文化内涵的同时彰显了艺术美感，这使藁城"三宫"创意文化产品深受消费者喜爱。

3. 文化性原则

在乡村文旅创意产品设计中，设计者需要深入挖掘乡村文化的内涵并将其精髓融入产品中，使产品不仅具有美丽的外观，更能传递出乡村文化的独特魅力和精神内涵。缺乏文化内涵的创意产品不具有地域文化属性，不具有特定的文化意义。以藁城"三宫"文化为例，在针对此类富含文化特色的产品进行创意设计时，设计者需要深入了解"三宫"文化的历史渊源、文化内涵和艺术特点，精准把握图形、色彩等视觉元素与产品文化属性之间的内在联系。通过巧妙的构思和独特的设计手法，将"三宫"文化的精髓融入产品中，使产品既具有现代审美价值，又能传承和弘扬乡村文化。

4. 实用性原则

乡村文旅创意产品的实用性是进行创意设计的首要考虑的因素，与产品的实用价值相比，产品的其他价值都属于附加价值。在藁城"三宫"文旅创意产品的设计中，设计者巧妙地将实用性与文化内涵相结合，他们深入挖掘藁城"三宫"文化的独特魅力，将其融入产品的设计中，使产品既具有实用性，又能展现出深厚的文化内涵。

（二）藁城"三宫"文化元素设计转化的方法

平面视觉转化是一个充满创造力的过程，其要求设计者将最初的设计构思逐步发展成一幅幅生动而完整的视觉图稿。这个过程不仅是设计作品从无形到有形、从模糊到清晰的蜕变，更是设计者不断提升自身图形把控能力、深化设计理解的重要途径。在这个过程中，精准地突出设计的核心要点，使作品能直击人心，是每一个设计者都需要努力追求的目标。通过对藁城地域文化的全面梳理和对"三宫"文化创意产品的分析，我们看到了地域文化与现代设计相结合的无限可能。

（1）归纳提取法

藁城地区丰富多彩的地域文化资源为视觉设计提供了丰富的素材和灵感。然而，面对如此丰富的文化资源，我们无法将其全部转化为创意文化产品，这就需要在设计时对相关信息进行筛选与取舍，以便提炼出最能彰显藁城地区文化的元素。这个过程既考验设计师的审美能力，又要求他们对藁城文化有深入的了解和独到的见解。以藁城传统红纱宫灯为例，这种灯具灯体圆周的结构转折较多，使其形体特征在视觉设计中难以被突出。为了强化其形体特征，我们需要对灯体的转折关系进行简化和概括。具体来说，就是对部分次要转折进行适当的减弱，使灯体的主要转折更加突出，从而凸显红纱灯椭圆形的形体特征。

（2）间接运用法

在采用间接运用的方法进行设计时，首先要深入剖析在地文化元素原有造型、组合方式等，进而通过运用夸张、重构等设计手法，将在地文化元素所承载的历史文化内涵，以现代视觉形式重新呈现，同时融入当代文化视角，为其增添现代感，从而打造出既具有当地文化特色，又符合现代审美需求的文创产品。以藁城四明城楼为例，这个地标性建筑承载了丰富的历史文化内涵，其轮廓造型、比例等核心元素都具有独特的当地性特征。我们可以将四明城楼的局部装饰细节与红纱灯等当地文化符号相融合，通过夸张、重构等手法，将藁城的建筑与"三宫"文化产品有机结合，使设计更具有创新性。

三、藁城"三宫"视觉设计

（一）图形设计

图形和色彩是传递视觉信息的重要元素，图形和色彩的相互作用共同刺激着人的情绪和感知力。图形和色彩是支撑藁城"三宫"文旅创意产品设计传播的主要视觉符号。

1. 标识图形设计

对于藁城"三宫"在地传统文化而言，文化性的信息需要通过标识图形进行转化和传递。文化性的标识可谓"传承在地文化精髓的视觉识别符号"。一个经过反复推敲的标识对藁城"三宫"的传播与产业发展意义非凡。标识图形的设计标准要求能让受众快速、直观地感知到设计者所表达的信息，因此标识设计应极具高识别度，并承载着厚重的当地文化内涵。

采用图文结合的设计语言进行标识设计是转化创意和文化信息的基础。首先，为了强化藁城在地文化特征，加深受众对藁城文化的理解，延续藁城城市标识的图形语言特点，设计者将"三宫"中现代纸雕宫灯和藁城地标建筑四明城楼作为标识造型主体，与"三宫"二字的字形进行结合。其次，"藁城"作为地名的历史已较为悠久，地名经历各历史时期和行政限制多次变迁，曾有肥累、高城之称。因此，"三宫"标识图形中，必须凸显"藁"字特点，以达到文化传承的目的。

在确定最终版本的图形之后，设计者进一步思考标识色彩的选用。考虑到"三宫"产品的气质较为传统，色彩的选择应与产品特点、生产工艺等因素相吻合。从"三宫"产品的原料及其生产工艺相关的工具材质（多为木质）角度出发，最终决定主体色彩选用红色与金黄色。起初选用与金黄色同等明度的红色作为标识主体颜色，但考虑到后期印刷输出的因素，最终决定选用高于金黄色明度的中国红，与金黄色组合在一起作为标识的标准色，其比例控制在3∶2。

2. 图形语言的创新设计

自汉代起该地区使用"藁"字命名，由此可见，藁城"三宫"文化与汉代文化有着悠久的历史渊源。因此，藁城"三宫"在地文化视觉元素的图形语言中，延续汉代画像石的造型特点和汉代漆器人物特点再次创作。

汉画像石诞生于汉代人对世界的探索时期，因而画像石图形语言所反映出的视觉感受是神秘的，它呈现了古代中国独具魅力的构物思想。汉画像石中的图形神形兼备，图形整体构成语言呈现出平面装饰的特点，多表现为对动态的飞禽走兽以及人物神态丰富细腻的捕捉。汉画像石中图形表现出的运动态势构成了万物循环运行的生命力，汉人认为，世界万物阴阳互补才为和谐。如车马行进状态、龙纹身态、飞禽展翅图形之间的组合构成了一幅充满生机的自然景象。设计者对不同叙事内容的图形做了更加具体的分类设计，基于对画像石图形特点的挖掘，将汉画像石图形特点融入藁城"三宫"在地文化视觉元素中。

藁城"三宫"在地文化视觉元素的设计内容意在传达"三宫"工艺文化的叙事，根据设计内容可分为人物类图形、工具类图形、产品图形三种。通过人物类图形与工具类图形的配合,展现藁城"三宫"制作工艺的精湛之美。具体借助点、线、面的艺术语言、对比关系、色彩配比等表现形式。

（1）人物类图形创新

汉画像石中男性人物造型特点相对浑厚,而汉代漆器中女性人物造型较为纤细。藁城"三宫"视觉元素中的人物形象分别根据这两种人物造型进行了设计。设计者对汉画像石的人物特点进行研究与归纳,尝试夸大男性人物上身与下身的比例,并用直线、长弧线两种线条表现方式高度概括出男性人物形态,准确表达"少则多"的意境,与现代平面图形语言趋势相契合,散发强烈的现代美。人物的袖口处多为直线表达,提炼出汉服造型特征,运用长弧线表现人物动态的视觉感受。直线与弧线对比、交叉衔接,最终创作出既符合汉画像石男性人物质朴大方的特质,又具有新的几何意趣的现代图形。

女性人物盘发特征以上宽下窄的图形概括体现,身形及服饰结构以长弧线的形式构成几何图形,人物脖颈到腰部的图形以简单的线条高度概括,外轮廓线条表达端庄的气质,长裙拖地的状态则用一条长直线表现。轮廓线条能简则简。

（2）工具类图形创新

藁城"三宫"视觉元素的工具类图形是整体视觉创作中相当重要的叙事图形,同时起到调节画面关系的作用。人物图形的视觉风格较为整体,而工具类图形特点则由不同产品的工艺形态决定。对于这类图形的设计,需要斟酌不同产品生产工具的质感与形态。例如,宫灯制作相关的工具图形设计需要考虑木质、竹板的质感表现,反复调整面与面的间距、弧度及边缘转折的关系,以表现竹板的硬度和光滑的质感,除此之外,工具中纤细的线条变化并不是随机的,线条的弯曲变化微妙地表现了工具中绳索的韧度。

（3）产品类图形

藁城"三宫"视觉元素产品类图形在整体创作中同人物图形一样也占有很大的比重。产品类图形的设计应从产品本身的形态、色调和工艺角度考虑。

（二）色彩运用

1. 传递情感价值

设计者对藁城"三宫"在地文化视觉色彩的选用有着多角度的思考,寄予该文旅创意产品的视觉形象很高的期望，希望能将中国传统色彩巧妙地应用在藁城"三宫"在地文化视觉形象中，以此触动消费者在观看和消费过程中的情绪。首先考虑的是情感价值的传递因素。藁城"三宫"在地文化产品在历代均有"贡品"的美誉，与宫廷存在着一些联系。在浮躁、喧嚣的消费环境下，藁城"三宫"在地文化视觉元素的色彩运用应考虑到对中国传统色彩文化的传承，使文创设计能从色彩的角度影响到年轻一代消费群体，并传播当地文化。

威严庄重是宫廷的主要气质，最能代表古代中国宫廷的色彩就是红色和黄色。故而在藁城"三宫"在地文化视觉元素中延续使用标识图形中的红色与黄色。黄色代表着皇族文化的深厚底蕴，象征着皇家华丽、权贵的距离感。但由于"三宫"产品因其自身具备的产品特性、物理条件和精湛的制作工艺而形成了温婉柔和的调性，因此，在色彩明度的选择上，应区别于传统宫廷的红黄色彩而选择接地气的土黄色，意在传达藁城"三宫"在地文化产品作为民间手工艺产品朴实、纯正的特性和情感内涵。

确定主要色彩后，通过色彩与图形造型的配合，形成了藁城"三宫"在地文化的视觉格调，亲切质朴又现代感十足，给人带来心灵的治愈，能触动观者与在地文化发生联系。

2. 呈现在地性因素

从藁城地区宏观的地理环境因素考虑，藁城地处太行山脉的东麓，河北平原中南部，是典型的山前倾斜平原地貌。因其典型的地理特点，藁城被称为坐落于华北平原、滹沱河畔的古城。20世纪60年代以后，经过治沙治水、平地造田等治理方式，逐渐形成藁城地区大地开阔平旷的现状，造就了发展农业生产得天独厚的自然条件，孕育了蛋白含量极高的宫面原料强筋小麦。

由此，设计者对这样的地理环境及自然产物的状态进行色彩归纳，选用了土黄的暖色调。同时为了让色彩整体调性高度统一，采用不同色阶的方式体现视觉图形的层次、体积等关系。例如，绘制滹沱河畔图形时，将土黄色以点的方式进行组合，运用点的大小，形成不同面积、不同方向的土黄色色阶的差异性表现，使其形成有序的平面式透视空间。视觉图形中心部分明度色阶的层次变化较多，与后面空间的层次变化形成对比，形成单色而不单调的视觉效果。

3. 呈现不同产品特性

藁城"三宫"三种文化产品均有各自的色彩特点。宫灯的固有色彩倾向于吉祥、喜庆的中国红；宫面的固有色透露着温暖柔和的小麦色；宫酒的酒坛、酒器、酒原料和酒体等均有不同的固有色彩，整体上呈现出较重的暖色调。

设计者对这三种色彩倾向进行整理和提取，并将这些色彩全部统一在同一色彩调性中。采用单一色彩色阶变化的处理方式表现物体特性。如由浅到深的红色表现红纱灯的灯体结构；由浅到深的土黄色阶传达宫面的原色、原味和柔韧度；由轻到重的暖棕色阶呈现宫酒容器质朴浑厚的年代感。在色彩的搭配使用上，还可以让不同固有色相互区分开来，又相互有一些联系。例如，红纱灯体使用固有色中国红，而灯口处使用少量的土黄色；宫酒生产相关的工具图形使用固有色深棕，酒体、酿酒原料等元素添加土黄色体现与主体色彩的联系。

四、藁城"三宫"文旅创意产品案例

（一）节庆用品类应用

藁城"三宫"中藁城宫灯的文化调性恰恰契合着中国传统喜庆吉祥、红红火火的美好意象，因而可以将藁城宫灯文化相关产品设计定位到节庆礼品的创新应用中。

1. 春节对联

设计者将藁城传统红纱灯的设计元素与对联的排列方式相结合，增加对联产品的视觉层次感、趣味性和美观度。对联底部的设计元素表现了红纱灯制作工艺中锯竹板、拢形和"贴金花"的工艺流程。在色彩上，改变传统对联正红的色彩，设置暖调的朱红色，凸显喜庆的视觉氛围。

为了增添体验感，对春联上字符的空间进行合理设置，用虚线设定字体的结构框架，无论男女老少都可以按照虚线填充笔墨，亲自体验摹写对联文案的过程。

2. "福"字帖

设计者延续藁城"三宫"在地文化视觉设计语言，将福字的视觉语言与之相统一。在色彩的选择上，选用了红黄的主色调，打破传统"福"字帖红底黑字的色彩限制。

（二）生活用品类应用

1. 异形抱枕

藁城"三宫"在地文化相关的人物形象元素在保留传统汉画像石和汉漆器女性人物形象风格的基础上，融入了一些现代化的图形韵味。为让这些经典的历史符号以间接的形式进入现代人们的日常生活，设计者在众多生活日用品中选择居家抱枕、沙发抱枕这种具有温暖情感色彩的居家日用品，设计了符合现代人生活方式的居家用品。

藁城"三宫"在地文化设计的抱枕不再局限于方方正正的造型，增添了趣味性，将藁城"三宫"在地文化人物形象与抱枕结合，可以感受到藁城"三宫"精益求精、积极向上的精神气质，同时可以传递给使用者一种阳光、积极的生活态度，激发其内心的正能量。

2. 餐具桌垫

设计者将藁城"三宫"在地文化工艺技艺的视觉设计应用到餐垫的产品设计中，使藁城"三宫"在地文化呈现在餐桌上。餐垫与藁城"三宫"在地文化的结合融入了对美学的思考，意在为人们提供一个儒雅的、充满文化感的生活方式，同时也希望体验者能对藁城"三宫"在地文化有更深刻的认知。

第三节　葫芦庐小镇文旅创意产品设计实践

一、葫芦庐小镇文创产品设计基础理论

（一）葫芦庐小镇文创产品涉及的学科

葫芦庐小镇的文创产品是多方面学科知识有机结合运用的结晶，历史学、设计学、社会性消费心理和品牌传播学等多个学科的理论知识为葫芦庐小镇的创意文化产品设计提供了强大的支持。葫芦庐小镇的文创产品既蕴含着当地的葫芦文化，又具有一定的审美价值，具有很高的文化辨识度，形成了较大的消费潜力。

1. 葫芦庐小镇文创设计与历史学

范制葫芦工艺是葫芦艺术的源头和精髓，这种工艺的历史悠久，其精湛的手

工技艺和丰富的文化内涵，使这种艺术形式得以传承至今。在葫芦庐小镇，范制葫芦工艺被发扬光大，成为小镇文创设计的一大亮点。葫芦庐小镇的文创设计以范制葫芦为核心，通过独特的创意和精湛的手工技艺，将葫芦文化的魅力展现得淋漓尽致。设计师深入挖掘范制葫芦工艺的历史渊源和文化内涵，将其与现代设计理念相结合，打造出了一系列独具匠心的文创产品。这些文创产品不仅具有极高的艺术价值，更蕴含着深厚的文化内涵，它们以范制葫芦为载体，通过细腻的雕刻和精致的彩绘，将神话传说、名人典故等历史与人文元素巧妙地融入其中，使人们在欣赏的同时，也能感受到传统文化的博大精深。

2. 葫芦庐小镇文创设计与设计学

设计学涉及多个领域的学科知识，注重理论与实践相结合。设计不应该仅停留在"感官刺激"，而应该深入挖掘产品的文化内涵，追求"精神反馈"，"物境""情境""意境"的递进式设计思路，为文创产品的设计提供了全新的视角。"物境"作为设计的起点，强调文创产品需紧密结合环境特点，深入挖掘并巧妙运用小镇独特的文化符号。在葫芦庐小镇的文创产品设计中，设计师需要深入了解小镇的历史文化、风土人情，将这些元素融入产品的造型和装饰设计中，使产品在视觉上呈现出独特的地域特色和文化韵味。"情境"则关注非遗文化的深厚背景，强调将情感设计融入文创产品中。通过运用故事化、情感化的设计手法，使消费者在体验文创产品时能感受到非遗文化的独特魅力，从而产生强烈的情感共鸣。"意境"是设计的最高境界，强调通过对"物镜""情境"的深化与升华，使消费者在体验文创产品时能深刻感受到小镇的文化氛围，理解其文化内涵。

3. 葫芦庐小镇文创设计与社会性消费心理

消费心理是一种内在的心理活动，深刻影响着个体在面对外界刺激时所产生的购买、使用以及消耗产品等一系列行为。消费心理分为本能性消费心理与社会性消费心理，二者相互依存。本能性消费心理是社会性消费心理的基础与前提条件，无论社会环境如何变迁，本能性消费心理始终占据着重要的地位。近年来，文创产品以其独特的文化内涵和创意设计吸引着越来越多的消费者。对于文创小镇而言，如何精准把握并满足消费者的多样化需求，成为当前文创设计领域亟待解决的问题。具体来说，要从文化消费需求、日用品消费需求和感知趣味消费需求三个方面进行探讨。

首先，在文化消费需求方面，人们对文化产品的需求已不仅局限于其物质价值，更多的是追求其文化真实、文化寓意以及文化教育。葫芦庐小镇文创产品作为一类独具特色的文化产品，之所以能激发广泛的文化消费需求，很大程度上源于消费者对葫芦在中国传统文化中所蕴含的吉祥寓意和美好祝愿的深刻理解和共鸣。葫芦自古以来便承载着人们的美好愿景和精神寄托，独特的形态和寓意使其在中国传统文化中占据了重要的地位。葫芦谐音"福禄"，被视为吉祥文化的代表，寓意幸福、长寿和财富。此外，还有许多与葫芦有关的民间传说、民俗风情和历史故事，这些元素都为葫芦庐小镇的文创产品提供了丰富的创作灵感和素材。

其次，在日用品消费需求方面，葫芦庐小镇在选择产品类别时，应重点考虑葫芦与消费者日常生活的紧密联系，深入研究消费者的需求和行为模式，从而为他们提供更为贴心、实用的文创产品。为实现这个目标，需要对文创产品的内容进行优化。在设计过程中，应注重审美价值与实用价值的平衡，既要保证产品的艺术性和观赏性，又要确保其在日常生活中的实用性。此外，结合传统节日也是推出文创产品的一个重要途径。我们可以根据传统节日的特点和习俗，设计出一系列具有鲜明特色的文创产品，如节日主题的服饰配饰、餐具器皿等。这些产品不仅能满足消费者在节日期间的消费需求，还能进一步传承和弘扬中国优秀传统文化。

最后，在感知趣味消费需求方面，文创产品要同时具有趣味性和审美价值。趣味性强调的是产品带给消费者的愉悦感和新奇感。在文创产品设计中，趣味性的体现往往能打破常规，给消费者带来意想不到的惊喜。这种惊喜可能来自产品独特的造型、有趣的互动方式，或是富有创意的包装设计。在文创产品设计中，审美价值的体现往往与产品的造型、色彩、材质等方面密切相关。设计师需要运用美学知识，结合产品的特点和消费者的审美需求，打造出既符合时代潮流又具有独特魅力的文创产品。当然，要实现趣味性与审美价值的完美结合，还需要关注消费者的心理认知过程。消费者的心理认知过程涉及感觉、知觉、思维、记忆以及想象等心理活动的综合作用。在文创产品设计中，我们需要充分利用这些感官体验，为消费者打造出一个全方位、多层次的审美空间。

4. 葫芦庐小镇文创设计与品牌传播学

品牌传播学研究的是品牌信息的传递与接收过程，探讨其内在规律以及运用的各种方法手段。品牌传播不仅关乎品牌经营者如何有效地将品牌的核心价值和独特魅力传达给目标受众，更在于如何通过精心设计的传播活动，提升品牌的市场影响力和竞争力。在品牌传播的过程中，受众群体的认知与接受程度成为衡量传播效果的关键因素。因此，品牌传播者需要充分了解受众的需求、兴趣和心理特征，制定出更具针对性和吸引力的传播策略。葫芦庐小镇的文创产品是对传统手工艺品的一次创新性探索，借助文创产品的形式，葫芦庐小镇成功地将这一传统技艺引入现代生活，吸引了众多葫芦工艺品爱好者的关注。

（二）葫芦文化与范制葫芦工艺

葫芦在距今一万多年的远古时期就已经被人类发现，葫芦以其强大的生命力和适应性，在各种环境中顽强生长。早期的先民利用葫芦制作食物和日常用品。在1996年的北京民俗文化国际研讨会议中，我国正式提出了"葫芦文化"的概念，进一步推动了葫芦文化的传承与发展。在中国古代民间信仰中，葫芦常被视作多子多福的象征，人们相信，葫芦能带来好运和幸福，因此，在许多重要的场合和节日中，都会使用葫芦作为吉祥物或装饰物。

范制葫芦制作工艺分为两大环节：种植与制作。历史记载，清朝时期，范制葫芦技艺在北京、天津、徐水等地尤为盛行。天津因地处京畿，受到晚清时期八旗文化的深刻影响，民间玩虫之风盛行。葫芦因其轻便且保暖的特性，成为制作虫具的理想材料，因此，天津的范制葫芦技艺多以制作虫具为主。范制葫芦实际上是一种独特的种植工艺，在葫芦幼苗尚未成熟之际，将其置于石膏模、纸模、瓦模（以砖土泥制成）以及现代常用的塑料模具等各式模具之中，随着葫芦的生长发育，模具上的花纹印刻在葫芦表面，从而形成各种独特的纹理和图案。

二、葫芦文化元素与范制葫芦手工艺制作

（一）葫芦的吉祥寓意与象征意义

葫芦具有吉祥的寓意。其吉祥寓意的种类分为两种，分别是葫芦同音、谐音的寓意和民族风俗。如春节期间，把葫芦作为装饰品挂在房梁下、窗前、车里甚至是身上，寓意"多子多福，福禄万代"和"出入平安，五福临门"等。在一些民族地区，关于葫芦的吉祥寓意来自民族风俗，包含节日气氛、传统文化和神话

传说等。比如，拉祜族把葫芦的外形和葫芦花（被认为具有纯洁无瑕的意义）作为传统装饰纹样和装饰品穿戴在身上，来表达他们对葫芦的喜爱和对纯净爱情的美好憧憬；而彝族则把葫芦与其他纹样进行元素重组，制作吞口（挂在门楣上的木雕）或葫芦笙（单簧气鸣乐器）等工艺品；佤族和傣族则运用葫芦制作葫芦酒壶等生活器皿。

葫芦庐小镇的文创产品，可以提取富有民族特色的图腾——"葫芦纹""葫芦花"等传统装饰纹样做插画设计，让内容更加丰富。也可以根据小镇的范制葫芦文化历史背景，结合儿童插画，出版一些教育类相关书籍。

（二）范制葫芦手工艺制作

范制葫芦工艺对模具的使用是非常考究的，主要表现在"夹范""素范""花范"三种表现形式上。

1. "夹范"葫芦

"夹范"葫芦又称为扁平葫芦。因为它只需要在葫芦幼年时期被（四角分别打孔的）两块木板或者用（平面、有机）玻璃夹住，再用木柱或零件固定，让葫芦生长为扁平状，这是最简单的葫芦范制方法。在葫芦庐小镇中，一般用于制作袖珍型器物，如鼻烟壶或花瓶摆件等。总体来讲，"夹范"葫芦做法简单，适用于消费者对范制葫芦的初步了解与体验。

2. "素范"葫芦

"素范"葫芦，即仅通过形状来体现，追求光素无纹，模具上没有任何花纹纹理，是三种范制葫芦中最朴素的一种。这种范制方法非常考验葫芦艺术家的想象力，追求的是对葫芦整体造型的改变。葫芦庐小镇的"素范"葫芦，除了表现在花瓶的制作上，还有匏杯、匏壶和匏碗的制作。这种范制葫芦可用于半成品的加工体验，为小镇的范制葫芦文化和制作葫芦手工艺品的体验活动增添色彩。

3. "花范"葫芦

"花范"葫芦，即模具的花纹纹理丰富，甚至可以制作人物形象的范制葫芦。葫芦庐小镇"花范"葫芦的种类繁多，相比较前两种范制葫芦的表现形式，"花范"葫芦的工艺品更加精致。除了常见的日用品，如葫芦碗、葫芦摆件、葫芦虫具和葫芦花瓶外，还有八不正葫芦瓶和观音像等。"八不正"指的是范制葫芦从器型上看，上面是方方正正的四个面，下面是八个棱角，合起来就是"四面八方"，中间有"圆柱"连接，寓意圆满，加上每个斜切的角都刻有"福"字。整体上看，所有对葫芦的美好寓意，在八不正葫芦瓶上都有所体现。

三、产品设计理念

（一）文化独一性的设计理念

产品设计需要满足市场的要求，拥有多元化的特性，但作为特色小镇的文旅创意产品还需要发挥当地的文化特色。小镇的消费者群体多为儿童和年轻人，中老年人极少，文旅创意产品主要涉及食用、医用和观赏娱乐，具有教育意义的产品相对较少。这就需要文旅创意产品具有"独一性"，用产品讲述小镇的范制葫芦文化，体现文化内涵，提高消费者对品牌的认知度。首先，在文旅创意产品的内容上，应该将葫芦文化和范制葫芦文化的历史故事与神话传说等元素进行融合，除了文字外，还可增加儿童插画，绘制一些产品的故事手册，让产品整体富有相应的教育意义，让消费者更理解范制葫芦文化。其次，在文旅创意产品的类别上，因范制葫芦属于批量化生产，除了增加葫芦庐的品牌标识，还可以运用葫芦的造型、葫芦花的纹样等元素在包装上进行设计，用于区别其他葫芦村镇的产品。这样做可以提高消费者对范制葫芦工艺品的关注度，潜移默化地将葫芦庐品牌的文化与葫芦的吉祥寓意转移到文旅创意产品上，增加了产品自身的"独一性"。最后，运用人们对节日的美好憧憬和购买产品的欲望，推出拥有节日氛围的葫芦挂件和葫芦摆件等限量款产品，满足消费者的社会性消费心理。

（二）产品创新性的设计理念

三种范制葫芦工艺有不同的创新体验。首先是夹范葫芦，因为操作简单、对造型没有特别的要求，很适合消费者的初次体验。所以葫芦庐小镇可以制作一本范制葫芦的成长日历手册，在葫芦种植区增加夹范葫芦的体验活动。例如，制作夹范葫芦的消费者可领取一本手册，日历的期限就是葫芦的成熟时期。这样消费者既获得了专属的范制葫芦，又获得了一本具有纪念意义的日历手册。其次是素范葫芦，素范葫芦因其表面无任何花纹修饰，可以将其作为半成品和烙画工具或雕刻工具做成材料包，让消费者在素范葫芦的基础上，根据个人的喜好进行烙画、雕刻和彩绘等加工制作，这样消费者购买材料包后还可以在家体验。最后是花范葫芦。花范葫芦也是小镇最为常见的范制葫芦工艺。原先的葫芦瓷杯礼盒，包装过于隐蔽，对于产品的陈列不是很突出，可以改善包装来解决这一问题。原本的范制葫芦瓷杯可以延展到八不正范制葫芦，可以制作系列周边产品，如葫芦杯、葫芦挂件、八不正葫芦制作背后的故事手册和葫芦摆件等。

（三）互动趣味性的设计理念

乡村文旅创意产品具有可感性才能与消费者产生情感的共鸣，葫芦庐小镇的文创产品需要给人们留下一些小镇的独特印迹，在消费者拿起产品时可以回顾旅行的经历。从小镇范制葫芦文化价值开发的角度来讲，互动趣味性与文化独一性是分不开的，这就需要在文创设计中加入感知的体验。同时，卡通化图案与葫芦的传统装饰纹样进行元素重组，再与葫芦相关的神话传说相结合，能让消费者更好地接受传统文化。小镇的产品多为传统纹样的设计，若可以在文旅创意产品的纹样设计中增加卡通图案，运用幽默、合理夸张的手法，抓住有关葫芦文化历史的人物形象特征，提取和放大设计元素，便可以展现不一样的小镇文化，为小镇的文创产品增加趣味性。

四、品牌与产品设计分析

（一）葫芦庐品牌设计

为了解小镇的品牌形象，首先要对文旅创意产品以及品牌标识进行整理分析。"葫芦有九道"指的是葫芦被葫芦庐应用到生活的九大领域，分别是医、武、酒、食、茶、花、香、乐和艺。在《中国葫芦文化·天津宝坻卷》中，对葫芦在医用、食用和乐器中的使用有历史记载：葫芦具有多种使用价值，比如，成熟的葫芦去瓤，可做"瓢"，作为舀水和盛酒的器皿。葫芦庐小镇制作的文旅创意产品有葫芦酒具、葫芦茶具和葫芦药瓶等。葫芦可食用，可以清炒、烧汤或者腌制和晒干等。在《神农本草经》《伤寒论》《本草纲目》等都有记载，葫芦可药用，特别是苦葫芦，其苦味来自"葫萝卜素"，具有一定药用价值。葫芦庐小镇制作了"葫芦茶""葫芦酒"，搭配葫芦茶具和葫芦酒具进行售卖。葫芦可做乐器，耳熟能详的有葫芦丝、葫芦手鼓、葫芦二胡和葫芦琵琶等。但葫芦做乐器，音色是弊端。

早在古代宫廷就有葫芦做乐器的记载，但都只是拿来观赏，并非演奏所用。唯有葫芦丝，是由一个完整的葫芦、三根竹管和三枚金属簧片组成，能吹奏出醇厚悠长的乐曲。在葫芦庐小镇，消费者能买到产自小镇的葫芦制作的葫芦丝。

（二）产品设计

1. 范制葫芦下的葫芦瓷杯

葫芦瓷杯是赵伟先生携手天津财经大学珠江学院赵世勇教授设计完成的。整体为伴手礼礼盒，由外包装、日历和茶杯三部分组成，其材料主要有木板、宣纸和陶瓷。礼盒的主体是葫芦瓷杯，瓷杯由白瓷杯和包裹它的范制葫芦两部分组成。因此，在制作白瓷杯时，要考虑到白瓷烧制过程中的伸缩性，确保它和包裹杯体的范制葫芦相匹配，所以制作一个葫芦瓷杯很不容易。葫芦瓷杯之所以采用范制葫芦包裹的形式，是因为葫芦能起到隔热和保温的作用。葫芦瓷杯还具有"把玩"的娱乐功能，它经过盘玩能包浆。杯身的颜色从暗淡无光到红润光亮，手感上从生涩搓手到油润顺滑，人们在"把玩"时可以感受到视觉和触觉的双重体验。同时，作为饮茶工具，能间接感受到嗅觉与味觉的双重体验。包装内部改变了一般情况下用苯板保护瓷器的方法，而是采用下半部分镂空的十二本日历将葫芦瓷杯固定住的方法。镂空的日历封面两侧印有"得""起"二字，封底印有"得""下"二字。拿起茶杯是"拿得起"，放下茶杯是"放得下"，主要体现"心怀慈悲，方得福禄"的设计理念。日历的中间留有空白，可用于日程记录。外包装采用中国古代夹板式书籍装帧的形式，用两块木板制作包装的主展面和底面。

在设计上，外包装雕刻着手持葫芦与如意的两位财神造像，并刻有"福禄未艾，万代盘长""心怀慈悲，方得福禄"的吉祥语。"福禄未艾，万代盘长"的起源是葫芦藤蔓中的"蔓（wàn）"与"万"同音，所以"葫芦蔓带"的谐音又称"福禄万代"；包装内部的十二本日历封带上，有葫芦庐标识图样的蜡封印章。日历的上半部分是与葫芦有关的纹样图饰，如"喜气满堂""同枝连理""合卺""灵瓜"等。其中的"合卺"指的是"合卺礼"，是中国古代婚俗习惯：新郎与新娘在洞房中各自用葫芦的一半盛酒，再一同饮下，有夫妻二人合二为一、不可分离的意义。至今，"合卺礼"衍生出的交杯酒还在我国各地的婚俗中流行。此外，葫芦瓷杯的内部选用白瓷，意为"心怀慈悲"；外身的范制葫芦，意为"福禄"，故整体称为葫芦瓷杯,可谐音称为"福禄慈悲"。礼盒设计的整体寓意是"人具三心,福禄一生"。三心指的是"心怀敬畏,方得安远""心怀平常,方得当下""心怀慈悲,方得尊严"。吉祥寓意与精心设计是整套文旅创意产品的亮点。

2. 八不正葫芦

对葫芦的美好寓意,在八不正葫芦瓶上均有体现。整套的十二生肖八不正葫芦培育时间长达八年,具有较强的观赏性和文化价值。根据整套葫芦的制作,还可以衍生出生肖系列的其他周边范制葫芦工艺品,作为小镇的爆款进行宣传和优化设计。

五、产品设计创新思路

(一)产品设计理念创新

为了让消费者能体验到更具特色、更有创意且极具观赏性的文创产品,为其带来更好的情感体验,乡村文旅创意产品与消费者之间需要产生联结与共鸣,旨在使产品的价值得到切实提升。设计师需要确保产品在体现地域特色的同时,使葫芦文化能得到更好的传承,注重产品的细节设计,同时兼顾产品的实用性和可塑性。以下进行具体论述:

1. 满足地域特色和文化气息

天津葫芦庐小镇坐落于天津宝坻区的大钟镇牛庄子村,地处北方平原,毗邻箭杆河。这里拥有独具特色的地貌和景色,例如"一河两洼",清澈的湖水和广阔的湖面相映成趣,为人们描绘出一幅美不胜收的画卷。同时,小镇还拥有历史悠久的范制葫芦技艺,流传着很多传奇故事。小镇四周的农田里有大片的小麦和玉米地,果园里种满了梨树、桃树等果树,农舍的墙壁上盛开着蔷薇和爬山虎,为小镇增添了一抹自然的色彩,展现了中华文化中的祥和与宁静。因此,葫芦庐小镇的文化创意设计应当汲取当地自然环境的元素,利用小镇的独特自然环境进行宣传和图案设计,以更好地展现地方特色。

为了让城市居民更好地感受农村文化,欣赏葫芦艺术,小镇将种植、加工、展示和销售有机融合,打造出一个融交流和传统手艺展示的"葫芦园",供葫芦爱好者前来交流与学习。

小镇的文化特色主要体现在葫芦式的民居、餐饮、种植区，以及定期举办的葫芦市集和葫芦文化旅游节。这样的文化环境以范制葫芦为核心，在特产、美食、娱乐活动、游乐设施、纪念品及农家旅馆等方面提供一体化服务，吸引游客前来参观、游玩。另外，葫芦庐小镇还举办了"娃娃庙会"和葫芦大赛等文化交流活动。在庙会上，参与者们有机会体验传统的风俗文化，欣赏传统艺术表演，尝试各种传统美食。

通过分析，我们能看出，天津葫芦庐小镇展现了显著的地域特色和浓厚的文化氛围。因此，为了能更好地突出小镇的独特文化氛围，设计师需要从小镇独有的文化特色中获得灵感，并将这些元素融入文创产品中。设计师可以将传统风格的装饰图案、农村田园景观、农业丰收场景、小镇特色工艺，以及生态饮食文化的传统和现代元素，融入文化创意产品设计之中，从而更好地凸显产品的民族文化特色。例如，文化创意产品可以通过融合自然的视觉元素，在葫芦餐饮中加入嗅觉和味觉设计，并在葫芦种植区增添丰富的触觉体验活动，以更好地传播葫芦文化。与此同时，在葫芦大赛中所宣传展示的各种精美的葫芦挂件以及摆件等，有助于更好地激发出青少年对葫芦技艺的热爱和兴趣。

2.细节做到精益求精，力求质量

举例来说，葫芦酒是地方文化的珍品，它不仅承载了葫芦庐小镇的历史和传统，还象征着天津宝坻区独特的文化特色。设计师可以运用范制葫芦的传统工艺制作带有触觉感知的文化创意产品，或者从葫芦文化汲取灵感，创作出视觉感知独特的文化创意产品。触觉能引起人们的共鸣。在具体的实践过程中，设计师应该对细节予以重视，确保产品精致、美观的同时，关注产品设计的质量是否有保证、产品的材料是否可靠等。

葫芦酒是一种地方特产，在过去的数百年里，小镇居民一直有采摘葫芦制作葫芦酒的习俗。在葫芦酒的文创设计过程中，可以将嗅觉体验融入其中，使酒文化文创产品的设计成为展示媒介。小镇的葫芦酒是一种清澈透亮的高度酒，选用本地生长的葫芦果实并采用传统的酿酒方式制作而成。这种酒略带苦涩，在口中余味悠长，这种口感和香味也正是其独特之处。葫芦酒的质量取决于制作时所选择的葫芦、糯米以及水的质量。通过重视材质和密封性设计，可以凸显葫芦酒的口感，为游客带来独特的味觉享受，进而吸引更多人来小镇参观，提高小镇的知名度和吸引力。让人们了解和品尝这种地方特色，更好地传承葫芦酒文化，从而进一步提升小镇的知名度。

3. 考量文创产品的实用性

文创产品受欢迎的原因之一是其实用性，因而设计师应当考虑用户对产品实用性的关注程度，旨在更好地满足用户需求。因此，在设计文创产品时，设计师不仅需要关注美观性，还要考虑产品的实用性。具体而言，在实践工作中，需要在考虑产品的实际使用情况和功能需求的基础上，确保产品在视觉上具有吸引力的同时，也要具备触觉材质的实用性。葫芦制品涵盖茶具、酒具、花器等多种类型，每种尺寸和形状都有所不同。因此，在设计文创产品时，需要考虑市场需求和实用性，将葫芦庐小镇的文化特色与产品相结合，创作出符合消费者需求的产品。比如，可以将范制葫芦与金属、木材等材料结合在一起，创造出独特的文化创意产品，使其能同时具有观赏价值和实用价值。

与此同时，由于小镇上的文创产品主要是葫芦制品，如杯子、碗等人们司空见惯的日常器皿，因而设计师可以考虑从味觉和触觉的角度出发，在葫芦餐饮和葫芦民居中获取灵感，创作厨具、餐具、床上用品等衍生品，确保文创产品具有实际用途，同时能迎合市场需求。此外，设计的产品应该体现小镇独特的文化风情，使产品从传统制造升级为注重创意设计，以此传达文化内涵。将实用功能与突出的文化与艺术元素融合，旨在使产品在文化创意市场脱颖而出。

从技术制作的角度来看，范制葫芦要求工匠对葫芦的形状、尺寸和纹样等方面具有较高的专业水准，因此可以说这是一种技术要求较高的手工艺制作方法。详细来看，可以通过改进硅胶模具和塑料模具的设计，在目前的模具材料上引入新材料，以增强产品的强度和韧性，延长产品的使用寿命；对于文创产品，常见的技术手段包括调整范制葫芦的尺寸和形状，以满足现代人的需求，并提升其实用性。除此之外，我们也应当关注市场需求，换句话说，产品的实用性与市场文化需求的契合度成正比。因此，设计者可以借鉴市场反馈和预期目标，有针对性地进行设计调整。例如，与市场进行对话，深入了解市场需求，将小镇的独特文化元素融入文创产品的定位中，有针对性地推出具有创新性的文创产品。这些技巧可以让消费者在产品的外观以及触觉体验方面留下深刻的印象，从而切实增强产品的实用性。

4. 注重文创产品的可塑性

作为一个以葫芦文化为主题的文创小镇,范制葫芦是葫芦庐小镇的独特之处,这种创意产品让范制技艺与葫芦文化有机结合。设计师可以从可塑性的角度出发,通过分析范制葫芦文创产品的特性和市场需求来展示其设计潜力。换言之,设计师需要创造一款具有较强适应能力的产品,能根据消费者的需求进行相应的调整和变化,从而与各种游客的不同需求相契合。

一方面,在设计范制葫芦时,设计师可以根据不同场合进行设计,通过不同形状、颜色和图案的组合来满足消费者的需求,以期创造出既具有艺术感又实用的产品,在软装搭配、家居装饰和办公场所等方面均有所体现。此外,为了提升产品的文化涵盖和艺术性,范制葫芦还可以融合其他传统文化要素,比如中国绘画、剪纸、刺绣等。另一方面,作为结合了传统葫芦制作工艺和葫芦文化元素的文化创意产品,需要继承并创新传统工艺技术,以确保产品在艺术和文化上的品质,并能成功推广到市场。从现阶段来看,范制葫芦文创产品在小镇旅游和文化创意产业中有着巨大的市场发展机遇。

在设计和制作的过程中,需要注意的是,生产葫芦文创产品所用的材料要具备可塑性。可塑性是其独特之处,具有较为丰富的文化底蕴以及艺术价值,同时还能迎合消费者多样化的需求。范制葫芦文创产品可使用不同材料,如瓷器、泥土和颜料,这些材料具有不同的特点且制作步骤各不相同,因而可以根据产品要求进行灵活选择。比如,现有的葫芦瓷杯礼盒,里面的葫芦瓷杯是通过采用传统工艺,将葫芦和瓷器结合在一起制作而成的。在制作范制葫芦时,可以巧妙地运用不同的装饰技巧,比如雕刻和彩绘等,从而使产品兼具美观和实用性。

综上所述,在设计天津葫芦庐小镇的文创产品时,应注重体现当地特色,兼顾实用功能,重视产品细节,同时,也需要具备良好的可塑性,旨在使游客的实际需求得到更好的满足。

(二)产品的创新方向与整体提升

作为一个以山区乡镇和葫芦文化为基础打造而成的小镇,天津葫芦庐小镇的文创产业也是其发展过程中至关重要的一环。所以,在当前市场竞争日益激烈的情况下,如何能使葫芦庐小镇文创产品的竞争力得到切实提升,成为一个亟待解决的问题。为了能更好地提升天津葫芦庐小镇文创产品的创新水平，促进其综合、全面发展，需要从以下几个方面入手进行认真考量：

1. 注重视觉与听觉上的文化挖掘和表达

由于葫芦庐小镇拥有悠久的历史和葫芦文化的底蕴，因此，从发展的角度来看，应当挖掘和利用中国优秀传统文化。

在设计的实践过程中，小镇可以深入挖掘本地民俗和传统文化，将小镇所独有的特色——葫芦文化、民俗酒、美食文化、范制葫芦手工艺等元素融入文化创意产品中，开发出更独特的文化创意产品。例如，设计视觉上与周围自然景色融为一体的迷你范制葫芦、十二生肖系列的八不正葫芦瓶作为限量款周边文创产品、桌游葫芦棋等，不仅传承了传统文化，还能与现代人的审美需求相契合。

在葫芦庐的范制葫芦传承历史中，也具有很大的探索空间，设计师可以将其历史、文化和民俗元素融入文创产品的声音设计中。例如：定制葫芦庐小镇的拼装积木或乐高模型的八音盒设计；利用葫芦制作音乐乐器和音乐光盘组合在一起的礼盒等。这样一来，不仅可以使产品的文化内涵得到丰富，还可以持续提升葫芦庐品牌的价值，从而打造产品的知名度。

2. 强调文创产品味觉与嗅觉方面的实用性

在设计文创产品时，要对产品的实用性予以重视。

从味觉层面来看，通过品尝各种口感和风味独特的文创产品，人们可以开启一场味觉探索之旅，增强对健康和饮食文化的关注。在现代社会中，人们对味觉感受给予了更多关注，这个趋势也影响了文化创意产品设计的方向。文创产品的创意设计是由定位、表现和体验三个部分的要素共同构成的。在设计味觉创意产品时，需要注重创新和实用性，与人们的日常生活相结合，凸显出"有趣味"的特点，从而使设计更受广大群众欢迎。比如说，可以设计多样实用的小家居系列文创产品，如葫芦造型的餐盒、餐盘等，从而让游客在使用时，便能较为直观地感受到蕴含葫芦庐特色的产品设计。再如，葫芦庐提供多种口味的方便即食葫芦干和可方便加热的预制葫芦干等食品，注重营养的均衡与搭配，关注消费者的饮食健康。

从嗅觉层面来看，文创产品设计可以采用情感化的理念，以激发消费者的情感共鸣。事实上，嗅觉是五种感官中与记忆和情感联系最密切的，因此，它具有较为广泛的实际应用性。例如，可以利用葫芦纹样设计制作茶宠、相关茶具以及葫芦瓶塞等文创产品。目前，产品创新设计的主要趋势是关注消费者的情感需求，这些文创产品通过嗅觉感知，对人们的情绪产生一定的积极影响，进而更好地帮助他们放松身心，有助于提升人们的幸福感和舒适度。

3. 多元化触感的创意和设计

在文化创意设计中，多元化触感的概念是至关重要的，通过更新材料，实现了传统手工艺品的批量生产和运输销售。而文创产品的成功则在于其是否蕴涵创意和设计，因此，葫芦庐小镇在开发文创产品时，应当重视强调创意的丰富性和设计的独特魅力。设计师可以通过多样的质感、形态和色彩等方面的差异来创新葫芦庐小镇的文创产品设计，从而吸引消费者的兴趣。

具体而言，针对不同的用户群体，可以设计出具有不同触感的文创产品。举例来说，在设计范制葫芦成长日历手册的封面时，针对中老年群体，可以选择坚固耐用、稳重端庄的材料，比如皮革和金属，同时采用简洁清晰的设计风格，以传达出平和稳定、内敛厚重的氛围；针对年轻群体，设计师可以选择使用棉质等柔软材料，在封面上设计丰富多彩的葫芦纹样式，以展现舒适柔软、充满活力的触感体验。

不仅如此，设计师还可以对回收利用的材料进行再次加工设计，从而创造出更具环保意义的文化创意产品；也可以从文化、历史、自然和环境等方面汲取灵感和创意，使作品充满自然风貌和历史底蕴。

同时，积极将传统文化融入现代设计，尝试开发一些别具一格、独特新颖的文化创意产品。例如，推出以葫芦为主题的画册和故事插图书籍，以多种形式展现葫芦庐小镇的文化和历史，从而更好地吸引年轻一代受众群体的目光。

第四节　博兴县湾头村文旅创意产品设计实践

湾头村的居民主要从事玉米和小麦的种植，并利用草编技能来增加家庭收入。湾头村有许多河流交错，但可耕种的土地并不多。草编手工艺因成为各家各户妇女老人的主要收入来源而得到传承。湾头村的居民都精通编织技艺，他们在欢声笑语中手工制作草鞋、蒲扇、蒲团等商品，生产效率相当高。湾头村生产的草编产品中，最具特色的莫过于蒲草鞋。据历史记载，清代时，湾头村所编制的蒲草鞋在京城畅销一时，是有效的防寒鞋品。本节以草编产品为例对博兴县湾头村文旅创意产品设计进行了分析。

一、博兴县湾头村草编产品制作工艺及艺术特色

（一）材料及制作工艺

在草编材料的选择方面，可用于草编的原材料十分丰富，人们可以根据不同的加工方式进行合理选择。在编织时，所选材料应当具备以下特质：茎滑节少；材质细腻柔软的同时，需要具有一定的韧性等。

由于使用的是不同的原材料，因而全国各地的草编产品制作也呈现出不同的风格特点。总体可以分为以下几种：野生草、种植草、农作物辅料。而博兴县湾头村草编的主要材料包括蒲草和玉米皮，其中，蒲草属于野生草，玉米皮属于农作物辅料。

在制作过程中，需要对采割或购买的草料进行仔细地挑选、整理和初加工，才能用于制作草编产品。

小清河及其支流流经博兴县湾头村，水资源丰富，为蒲草提供了优越的生长环境。

目前，湾头村有50多种草编制工具，其中有25种工具有详细的图像和文字资料记录，包括纺绳车、绳架等。有8种工具有文字描述，如梭针、模型、割刀等。另外，还有一些机械化工具，比如草帽机等。随着社会的不断发展，草编工具也在不断改进，以追求更高的制作效率。

从生产制作角度来看，各地区通常遵循相似的生产步骤。人们会采集或购买材料，将购得的草料整理后着色，接着对草料进行浸泡处理使其变得柔软，便于编织。为了防止编织出的产品发霉腐化，人们会对浸泡过的草料进行熏蒸、晾晒或涂刷防腐漆。

在材料的选择上要求色泽统一，颜色呈现出自然色。研究发现，由于复杂的上色过程以及需要长时间晾晒，部分专业人士已选择购买有色原料，以节省上色和晾晒所需的时间和空间。

在完成原料准备后，可以根据特定的设计和尺寸进行编织。编织出的成品需要放入熏房进行熏蒸处理。对于经过熏蒸处理的产品，应尽快将其晾晒干燥，以防霉菌滋生或变形。在晾干后，喷涂一层漆，让产品更加耐用，同时具有光泽、更加美观。

草编有许多不同的编织方法，例如，编辫法、挑压法、绞编法、收边法、缠绕法、盘花法和编结法等。在进行编织时，可以选择其中的一种方法，也可以尝试混合多种方法来完成同一个产品。

经过现场勘察和调查研究，博兴县湾头村在草编制作中主要采用编辫法和绞编法进行加工制作。此次设计与实践主要应用的是具有博兴县湾头村草编编织方法鲜明特征的绞编法。

（二）艺术特色

从现实角度来看，在我国各个省市都可以找到草编制品，且草编产品的种类也较为丰富，可以通过草编材料和当地特有的制作工艺来予以区分。由于自然环境和历史演变的影响，不同地区的草编产品分布呈现出明显的集中趋势。

在我国北部地区，草编产品的制作材料主要包括玉米皮、蒲草、芦苇皮、小麦草等。例如，山东省内的草编产品有着悠久的编织历史，主要以玉米皮、蒲草和小麦草等材料为主，并且在青岛、淄博、博兴、郯城等地区广泛流行。而中国南部地区则主要利用麻、棕、席草等天然材料进行编织，这些草编产品因材料的不同而展现出地方独特性。随着社会发展和人们生活方式的改变，不同地区展现出独特的草编风情。

博兴县最富有地方特色的产品是由天然蒲草制成的蒲草鞋。蒲草鞋有着悠久的传统，不仅具有保暖和防潮的功能，经过手工匠人熟练的编织制作，已然成为性价比较高的产品。一直以来，蒲草鞋都在博兴县居民的生活中传承，并且得到人们的广泛好评。换言之，蒲草鞋已经成为博兴县最著名的草编产品。

除了蒲草鞋以外，博兴县草编还有其他特色产品，例如，茶垫、坐垫、门帘和地毯等。茶垫的编织主要使用蒲草、玉米皮和三棱草，注重将不同种类的草编织在一起，以创造出丰富而独特的视觉效果以及舒适的使用感受；而门帘和地毯则采用蒲草和野生芦苇编织而成，放置在室内，有很强的装饰效果。

为了能更好地保持产品原有的自然气息和乡土底蕴，博兴县的草编产品很少进行染色处理。草编产品在强调实用性的同时，通过巧妙运用各种编织技巧，创造出独特的图案花纹、肌理等，逐渐朝着装饰性和艺术性的方向发展。

二、设计原则与设计方法

（一）设计原则

1. 审美性

审美指的是人们对事物或艺术品的美所进行的欣赏与体会，它是人类的一种高层次意识形态。在艺术设计的过程中，审美性原则是一项基本原则。审美性原则能明显地区分出经过设计和未经设计的事物之间的不同之处。具备设计元素的物体都是由人类根据审美原则创作的，它们可能是艺术品，也可能是实用品。艺术设计借助审美原则，让人们感受美的力量，享受美的过程，并对美进行创造。运用审美性原则对产品进行设计，能为人们带来精神层面的享受，部分产品也将会兼具实用性，例如，文化创意产品。

文化创意产品能通过形状、色彩和质地等方面，为人们带来一种舒适的审美体验。举例来说，在博兴县湾头村的文创产品中，我们可以看到，蒲草的自然色是它的主要色调，与此同时，蒲草编织的肌理感能让人感觉自身与大自然更加亲近。在产品的各个系列中，设计风格呈现出简约大方的特点，使当地的文化特色得到凸显。

2. 象征性

"象征"手法旨在借助具体的物体、形象或行为，来隐喻性地表达某一特定的事件、情感或观念，进而传递出更为深邃的意蕴。在艺术设计领域中，象征手法的巧妙运用能为作品赋予丰富的精神内涵，进而有效引发观众的共鸣与深思。值得注意的是，象征手法的核心是其隐晦性与多义性，这需要受众具备一定的发掘与理解能力。虽然象征的本体与其所传达的意义之间并无直接的关联，但它们都是人类社会中广为人知的事物或现象，承载着丰富的文化内涵与情感价值。设计师正是巧妙地利用了这一点，将象征意象融入作品之中，从而展现出独特的艺术魅力与人文关怀。设计师通过精心策划与构思，将象征性元素融入作品之中，使欣赏者在欣赏过程中能逐渐领悟其中的深刻内涵，进而产生强烈的情感共鸣。以博兴县湾头村草编文创产品设计为例，设计师巧妙地运用了香囊、丝巾等具有象征意义的载体，通过它们来传达美好的爱情故事。这种设计不仅使产品具有了深厚的文化内涵和艺术价值，更能引发消费者的情感共鸣，提升产品的市场竞争力。

3. 传播性

传播与弘扬承载着厚重的文化意蕴与深刻的使命感。传播旨在实现事物的广泛散布与共享，弘扬强调对卓越事物的推崇与发扬。在传播与弘扬的进程中，我们尤为关注那些富含积极、优秀内涵的思想文化与物质实体，它们汇聚了人类文明的智慧与精髓，值得我们深入发掘并传承。站在弘扬优秀手工技艺的立场上，设计实践的重要性不言而喻。设计师们应深入挖掘地域文化的核心精髓，将其巧妙地融入产品设计中，从而赋予物质以积极的思想文化内涵。这样的文化产品，既能展现地域文化的独特魅力，又能吸引消费者的目光。通过购买与使用这些文化产品，欣赏者或购买者不仅能领略当地地域文化的深刻内涵与鲜明特色，还能增长知识、拓宽视野。这种文化的交流与传播，有助于推动地域文化的传承与发展，促进文化多样性的繁荣。在地方产业的振兴与发展过程中，做好对当地文化的传播和立足于特色文化的宣传尤为重要。通过深入挖掘与提炼当地文化的独特元素，我们可以打造出具有鲜明地方特色的文化产品，吸引更多消费者的关注与购买。这不仅能推动优秀地域文化的传播与弘扬，更能带动相关产业的蓬勃发展，推动乡村文化与经济的振兴。

以博兴县湾头村草编文创产品设计案例为例，我们可以看到设计师巧妙地运用当地特色文化元素，打造出具有地域特色的文化产品。不同系列的产品不仅精准地概括了博兴县湾头村地域文化的特色，还巧妙地提取了当地独特的文化符号，如董永与七仙女的爱情故事、特色草鞋等。这些文化元素在产品设计中的精妙运用，使产品既实用又充满艺术美感与文化内涵。通过这些文化产品的传播与弘扬，博兴县湾头村的地域文化得到了更广泛的关注与认可。这不仅提升了当地文化的知名度与影响力，还带动了相关产业的发展。

4. 艺术性

在文创产品的设计过程中，艺术性的运用既是对现代美学理念的践行与体现，也是对传统文化及地域特色的深度挖掘与全新诠释。设计师通过运用精湛的艺术手法,创造出具有独特艺术象征性的造型,巧妙地将产品的艺术美感与思想精髓融为一体,从而凸显出文创产品所蕴含的深刻主题与内涵。以湾头村为例,这个拥有悠久历史与丰厚文化底蕴的村落,其文创产品正是当地特色形象与设计者艺术化设计思想完美结合的杰出代表。这些产品不仅具有鲜明的个性特征与独特魅力,更在细节之处展现出设计师对当地文化的深刻理解与创新表达。值得一提的是,湾头村的文创产品还巧妙地将传统而古老的草编技艺与现代创意设计相结合,使传统与现代、实用与艺术得以完美融合。这种创新性的尝试不仅为当地文化注入了新的活力,更使这些文创产品成为当地独特的文化符号,展现了湾头村深厚的历史底蕴与文化魅力。

5. 地域性

地域性作为文创产品的主要特征,也是其区别于其他地区文创产品的重要属性,可以说一个地方独特的地域性赋予了文创产品别具一格的魅力。近年来国家对乡村振兴十分重视,而文化振兴是乡村振兴的重要部分,文化振兴可以进一步促进经济振兴。文创产品既是地域文化的有效载体,也是乡村文化振兴的重要途径。以湾头村草编文创产品设计为例,设计者充分考虑了地域文化的特点,在精神层面,设计者通过提取当地民间传说、神话故事等文化元素,将其融入草编产品的设计中,使产品充满了浓郁的地方特色。这不仅有助于增强当地居民对本地区文化的归属感与自豪感,还能对青少年和老年群体起到良好的思想文化教育作用。在物质层面,设计者深入挖掘乡村文化内涵,选择具有悠久历史且极具代表性的草鞋、篮子等产品进行设计,通过再设计的方式使这些传统产品焕发新的活力。这不仅能有效促进文化产业的发展,还能带动当地居民经济收入的增长,从而推动乡村经济振兴和文化振兴。

6. 多样性

多样性的文化作为人类文明的关键构成要素,为我们带来了丰富多样的语言、文字、饮食、艺术、科技等诸多文化表现形式。面对这种多样性,我们既需要树立文化自信,积极弘扬和传承本土文化,又应秉持开放的心态,积极接纳与欣赏其他优秀文化,以此促进文化的不断繁荣与进步。在文化创意产品设计领域,多样性同样具有举足轻重的地位。作为文化的具象化展现,文创产品的设计应深刻体现文化的多元特征。在主题选择、色彩运用、造型设计等多个层面，文创产品应当呈现出多元化的特色，以满足不同受众群体的个性化需求。因此，我们在文创产品的创作过程中，应充分尊重并挖掘各种文化的独特价值，以多元化的设计手法展现其魅力，从而推动文化创意产业的持续健康发展。

另外，物质功能是文创产品的基础，它决定了产品的使用价值和实用性。然而，文创产品不能仅具有物质功能，它还需要具备精神功能，即能给受众带来精神上的愉悦和满足。因此，在设计过程中，我们需要将物质功能与精神功能相互融合，使文创产品既具有实用性又具有审美价值。

（二）设计方法

1. 嫁接法

在种植领域，嫁接的基本原理是将一种植物的枝或芽（接穗）接到另一种植物的茎或根（砧木）上，使它们长成一个完整的植株。而在文创产品设计中，艺术设计就是"根"，传统民间艺术就是"芽"。嫁接法作为一种创新的设计手法，为传统民间艺术与现代产品设计的融合提供了有效的途径。通过嫁接法，我们成功地将成熟的民间艺术与现代产品进行了结合，集产品的"新意"和原始功能于一体，推动传统民间艺术在现代的创新发展。以"时间的礼物"钟表系列产品设计为例，我们可以探讨嫁接法在产品设计中的应用。这个系列钟表的设计灵感来源于当地的特色篮子，我们通过对篮子造型的提炼与再创作，将其巧妙地融入钟表的造型设计中。在设计中，我们注重保持篮子的原始韵味，同时兼顾钟表的使用功能。在造型设计上，我们尽可能地还原了当地特色篮子的形态，使钟表在视觉上具有强烈的地域特色和文化底蕴。同时，在钟表的高度设计上，我们充分考虑了指针运转的需要，确保指针能在合适的空间中自由运转，而不会受到造型的限制。这种嫁接法的应用不仅使钟表产品具有了独特的审美价值，更使传统民间艺术的元素在现代产品中得到了传承与发扬。当消费者欣赏或使用这个系列钟表时，他们不仅能感受到产品的实用功能，更能从中领略到传统民间艺术的魅力与韵味。

2. 重塑法

重塑法的核心在于以某种物质为载体，将非遗的精神内涵与现代审美理念相结合，进而设计出具有独特魅力和文化内涵的现代产品，这一过程是非实物向实物的转变。设计者不仅需要对非遗文化有深刻的理解和领悟，还需要具备丰富的现代审美思想和敏锐的市场洞察力，以掌握现代社会的审美需求和消费趋势。以"天作之盒"系列当地民间传说新婚贺礼产品设计为例，设计者巧妙地将董永与七仙女的民间传说故事及相传二人结缘的老槐树形象融入香包、丝巾等实际物品中。这些物品不仅具有实用性和美观性，更重要的是它们承载着深厚的民间文化内涵和美好寓意。通过运用当地草编手工技艺，设计者成功地为这些传说故事找到了合适的载体，使它们能以更加生动、直观的方式呈现给消费者。这些产品不仅能满足消费者的实际需求，更能让他们感受到传统文化的魅力和价值，从而增强对传统文化的认同感和自豪感。同时，这种设计方法也有助于推动非遗文化的传承和发展，让更多的人了解和关注非遗文化，为其传承和发展注入新的活力和动力。

3. 提炼法

元素提炼法作为一种设计手法，深受设计师的喜爱。其核心思想在于抽象、简化与提炼，通过提取事物中最本质、最具有代表性的元素，将复杂的元素转化为简洁明了的视觉语言。在"步步高升"系列挂饰设计中，草鞋作为一种传统的手工制品，其造型特征独特而富有韵味，而草鞋的编织工艺也很独特，其纹理清晰、线条流畅，形成了独特的视觉美感。设计者将这些特征巧妙地融入包装、明信片和挂饰设计中，形成了既具有识别性又富有艺术感的视觉形象。通过简洁明了的视觉语言，向广大受众传达出草鞋编织方法的精髓与魅力。

4. 变异法

变异法旨在通过对现有文化遗产或手工艺品进行改造，打造出既具有艺术价值又富含文化内涵的创意产品。变异法不仅要求设计师具备深厚的文化底蕴和艺术修养，还需要他们能灵活运用各种变异技巧。变异法的核心在于对原物体进行有规律、有创意的变异。这种变异并非简单地模仿或复制，而是通过对原物体形态、色彩、材质等方面的深入剖析和再创造，实现对其精神内涵的精准传达。变异法的应用领域十分广泛，在"文房四宝"系列及学习用品设计中便得到了充分的体现。设计师们将文房中的笔搁、砚台、镇尺等传统元素与草编手工技艺相结合，创造出了一系列独特的文创产品。这些产品不仅具有实用功能，更通过草编原材料散发的自然气味和独特的肌理感,带给受众一种回归自然、悠然自得的感受。这种感受正是变异法所追求的艺术与文化内涵的完美融合。

5. 模拟法

模拟法作为一种别具一格的设计技巧,其核心精髓在于通过产品精准再现艺术场景或传统典故,以此深刻传递丰富的文化内涵与情感价值,使受众在欣赏的过程中能全面且深入地感受到原主体的独特魅力。在博兴县湾头村草编书籍的版式设计中,设计者匠心独运地使用了模拟法。通过模拟法的精妙运用,博兴县湾头村草编书籍的版式设计成功地将科学与艺术融为一体,既彰显了理性的科学思维,又融入了感性的艺术精髓,从而创作出符合大众审美标准的杰出作品。首先,在书籍的版式设计上,设计者注重突出简洁明了的特点,通过大量留白为受众营造了充足的视觉空间,使受众在阅读过程中能轻松愉悦地领略草编技艺的非凡魅力。其次,在插图设计方面,设计者充分运用了模拟法。利用一系列精美的插图,生动形象地再现草编技艺的全过程。这些插图不仅丰富了书籍的内容层次,还为受众提供了直观、生动的视觉享受。

三、博兴县湾头村草编文创产品设计分析

(一)产品定位分析

美国著名心理学家马斯洛在其著作中提出的需求层次理论,一直以来都被广大学者和实践者所推崇。这个理论深入剖析了人类需求的内在层次和递进关系,为我们理解人类的行为和心理提供了有力的工具。在这个需求层次中,文化创意产品以其独特的魅力和价值,满足了人们更高层次的精神需求。在本次设计实践中,通过研究马斯洛需求层次理论,确定了以自我实现的价值需求作为设计的核心定位。通过对目标消费群体进行深入的分析,这部分人群普遍持有时尚简约的生活态度,注重产品的外观设计和实用性,倾向于选择简洁大方、易于搭配的产品。同时,他们崇尚回归自然的生活方式,追求与大自然的和谐共处,关注产品的环保性能和可持续性。此外,他们对产品的文化内涵和审美价值有着较高的要求。草编文创产品作为本次设计实践的核心,具有鲜明的文化性、创意性、实用性、耐用性等特点,能与产品定位完美契合。

（二）地域文化元素提取

博兴县是中国编织工艺品的发源地，同时也是董永的故乡。在博兴这片土地上，历史源远流长，文化光彩熠熠。相传，董永极其孝顺，他为了安葬父亲将自己卖身至富家为奴。董永在前往富家途中，经过了一棵老槐树，并与下凡的仙女相爱。在老槐树的见证下，两人喜结连理。这个传说为博兴县湾头村的草编文旅创意产品设计提供了许多材料。

（三）产品形象设计

1. 标识设计

标识在产品整体设计中扮演重要角色，有助于快速辨认品牌身份，是品牌识别的关键因素。标识能准确地概述和传达产品特征以及传递文化信息。"礼遇自然"系列的主题是"尊重自然"。标识中的"编"字反映了产品采用的制作工艺，而下方的"博兴草编"展示了产品的来源，同时也促进了当地的宣传推广。这个标识具备横向和纵向排列的灵活性，风格简洁大方，能有效地传达产品信息，突出了文字标识的通俗易懂的特点。

2. 标准色设计

标准色设计作为企业形象塑造和品牌传播的重要元素，其选择与设计往往蕴含着深厚的文化内涵和战略意图。标准色不仅具有视觉识别功能，更能通过色彩心理学的原理，对受众产生强烈的心理暗示和情绪影响，从而有效传达品牌理念，增强品牌记忆度。在标准色设计的过程中，设计师需要充分考虑产品的特性、目标受众以及市场环境等因素，从而选取最符合品牌形象的色彩。在草编产品的设计中，有的系列产品的标准色设计主要围绕蒲草的颜色进行邻近色的提取。邻近色在色彩学上具有相互呼应、和谐统一的特点。这种色彩搭配增强了产品的整体性和系列化特点。为了增强标准色的表现力，设计师还对色彩的明度和纯度进行了精心调整。在保持整体稳定的基础上，通过微妙的色彩变化，使标准色在视觉上更加丰富、生动。这种调整不仅凸显了产品的个性特点，还使整个产品线在视觉上更加富有层次感和变化性。而有的系列产品的标准色设计则更加注重传统元素的运用。此外，为了区分不同的产品系列，设计师还巧妙地运用了蓝色与红色的对比效果。蓝色作为一种冷静、理性的色彩，与红色的热烈、喜庆形成了鲜明的对比，使产品系列在视觉上更加鲜明、突出。

3. 辅助图形设计

辅助图形通常是指一种象形图形，有助于人们识别和理解。辅助图形设计是一种旨在提升产品形象的设计，借助辅助图形的精心构思，可以使整个产品更易辨识。利用具有效果的辅助图像，能让产品更具吸引力和视觉冲击力。同时，也可对含义深刻的产品进行简化，以便广大受众能轻松理解并迅速把握产品传递的信息。

设计师运用图形化手法归纳蒲草的形态特征，巧妙地展现了出蒲叶与蒲棒的造型，极富形象感。此创意恰到好处地展现了蒲草的原始风貌，彰显了产品的本质素材，同时独具辨识度且简约易懂。此外，设计师提炼草编工艺的主要元素，将其运用于产品的设计中，从而形成了相关产品的辅助图形。这些图形造型简洁、整齐，实心和镂空的造型相得益彰，并且在变化中保持着整体的统一。

4. 插图设计

插图中的图画创意来源于博兴县湾头村的草编技法。将几种技法进行总结并与毛笔画相融合，以达到既有律动又不失产品特色的效果。

设计师采用宋代《天工开物》中关于草编工具和原始草编产品的描述，结合乡村文化创意设计主题和标识，完成了版式设计。使用编织技术纹理设计"当自然与我们在一起"的字体，不仅可以丰富字体效果，还能让插图布局更具多样性。

5. 海报设计

海报设计作为视觉传达的重要表现形式，其目的是通过独特的视觉语言和富有创意的设计元素，吸引观者的目光，并有效地传达出特定的信息和情感。在工艺品加工领域，海报设计更是发挥着举足轻重的作用，能将复杂的工艺流程以直观、生动的形式呈现出来，引发观者的共鸣。以草编工艺品为例，其加工过程通常包含焊铁架、蒲草编织、防腐喷漆三大步骤。因此，在海报设计中，我们可以将这三个步骤作为核心元素，通过巧妙的构思和精细的描绘，将草编工艺品自然、古朴的独特魅力展现出来。首先，我们可以采用特写拍摄的方式，将匠人们专注的神情和熟练的手法呈现在海报上。其次，我们还可以借助一些传统的图案和元素，例如传统的字体设计元素，营造出一种古朴典雅的氛围，使观者能感受到草编工艺品的传统韵味和文化底蕴。

(四)产品实物设计

1. "时间的礼物"钟表系列设计

设计师在保留篮子原有外形的前提下,进行创新设计,赋予其新的功能。他们将篮子改造成一款钟表,旨在体现博兴县湾头村源远流长的草编技艺。钟表的指针可拆下来,与钟表分离,使其恢复篮子的使用功能。

钟表的设计理念来自大自然,方形和圆形的结合可以呈现出独特的美感。钟表的设计灵感来自黑色纸绳元素。在草编产品设计中,纸绳是一种极其重要的原材料。以前,手工艺人要用染料为蒲草上色,但是这个过程十分复杂,染料容易掉落,因此需要很多空旷的地方晾晒干燥。为了解决这些问题,后来的手工艺人开始采用直接购买有色原料来编制产品,这种方法大大简化了编制过程,并且丰富了草编产品的表现形式。

此外,设计师还将钟表形状通过手绘的方式应用于对应的包装盒、包装袋上。这种设计不仅增加了产品的包装设计感,还使产品样式一目了然,方便消费者进行选择和购买。

2. "天作之盒"当地民间传说新婚贺礼设计

董永传说,在历经千年的流传过程中,孕育了众多广为流传的民间故事。这个承载着深厚文化底蕴的民间传说,早已深深烙印在我国广袤的土地上,成为国家级非物质文化遗产。在博兴县湾头村境内,有一棵传说见证了董永与七仙女爱情的媒仙老槐树。这棵古老的槐树,历经风雨沧桑,却依然屹立不倒,仿佛在诉说着那段永恒的爱情故事。"天作之盒"系列产品将老槐树形象融入香包、丝巾等物品。媒仙老槐树作为当地的一个文化符号,承载了丰富的民间传说和历史记忆,成为湾头村乃至整个博兴县的文化瑰宝。"天作之盒"系列产品的设计灵感,正是源于媒仙老槐树的浪漫故事与当地草编手工艺的完美结合。草编手工艺作为博兴县的传统技艺,历史悠久,技艺精湛,其独特的编织方式和细腻的纹理,使每一件草编作品都充满了艺术韵味和实用性。设计师巧妙地将媒仙老槐树的爱情故事与草编手工艺相结合,通过重塑法,将配饰设计成成双成对的形式,寓意着情侣间的恩爱与和谐。"天作之盒"系列产品不仅具有深厚的文化内涵,更在实用性上进行了充分考虑。这些产品不仅可以作为情侣间的礼物传递温暖,还可以作为日常生活中的实用品,满足人们的需求。文化元素的创新是现代社会经济发展和文化传承之间取得平衡的选择，同时也是对现代市场趋势的精准适应。为此，设计者对乡村文化元素进行了精细的筛选和提炼。对乡村文化元素的提取和运用，不仅有助于激发当地人对自身文化环境的认可和自豪感，更能通过创意产品将乡村文化的魅力传递给外界。当这些富含地域特色的创意产品呈现在人们面前时，它们所传递的不仅是视觉上的美感，更是一种深厚的文化底蕴和情感共鸣，能让人们快速识别出地域特色，进而产生购买欲望和认同感。

3. "步步高升"挂件设计

据历史文献记载，早在清代，博兴境内便已有精湛的草鞋编制技艺，其防寒草鞋更是深受皇室贵族的喜爱。博兴县湾头村作为草编技艺的重要发源地，其草编产品种类繁多。其中，草鞋作为博兴县的传统特色产品，一直以来都备受人们的青睐。时至今日，由蒲草精心编制而成的草鞋依然在市场上占据一席之地。

"步步高升"挂件设计灵感来源于博兴县湾头村独特的蒲草鞋。设计师将当地独特的蒲草鞋和绳线相结合，独具匠心地设计出既能穿戴又可作为饰品的文创产品。"步步高升"吊坠产品的包装设计取材于蒲草的形态和编织工艺，采用了简约的设计风格，打造出精美别致的包装。这种设计风格受到各个年龄段的消费者的喜爱。

4. "五福临门"配饰设计

福、禄、寿、喜、财是民间艺术中永恒的主题。选取"五福临门"的美好寓意，创作包、配饰产品设计，将寓意与现代设计元素相融合，并运用系列化的创意手法进行构思，表现出人们对美好的向往。

在乡村文化中，福、禄、寿、喜、财这五大主题，承载着人们对美好生活的向往和追求。将这些文化元素融入配饰、包的设计中，不仅是对传统文化的传承与发扬，更是对人们精神追求的生动诠释。在设计过程中，设计师巧妙地运用各种现代图形、版式设计，将福、禄、寿、喜、财这五个主题表现得淋漓尽致。他们通过精心挑选色彩、线条、图案等元素，使配饰、包在视觉上呈现出一种传统和现代相融合的美感。

5. "文房四宝"及学习用品设计

"文房四宝"系列创意产品设计，通过巧妙地运用变异法，给传统的文房用品赋予了全新的生命力。这个设计理念不仅是对传统文化的传承与发扬，更是现代审美与实用性的完美结合。设计者将砚台、镇尺与草编相结合，为其设计了一层"保护层"。这个设计不仅增强了产品的耐用性，更使文房用品在触感上更加温暖、舒适。同时，草垫中的辅助图形设计完美模拟了蒲草的生长场景，让人仿佛置身于大自然之中，感受到那份清新、古朴、宁静。在练习书法的过程中，人们往往追求平心静气，草编元素的加入，更为这种心境增添了一份和谐。除了砚台与镇尺，帆布包的设计也是本系列的一大亮点。帆布包地设计采用了辅助图形，既有大面积的图案，又有适当的留白，既给人强烈的视觉冲击力，又留给人们充足的想象空间。这种设计不仅增强了受众对乡村的直观感受与体验，更使帆布包本身成为一件艺术品。受众在使用这些产品的同时，也能够感受到产地的独特魅力和文化底蕴。这不仅增强了产品的附加值，也为产地的旅游和文化推广提供了有力的支持。

6.博兴县湾头村草编书籍封面设计

草编书籍的封面设计旨在深入挖掘并展现博兴县湾头村草编文化的独特魅力，通过系统的归纳总结，将草编工具、材料、艺术特色等元素进行整理，进而设计形成一本内容丰富、结构清晰的书籍。该书在封面的设计上，体现了草编处理的六个关键步骤，并加以同草编的编辫法、缠绕法相结合的独特字体设计，使书籍的封面既具有艺术美感，又富有文化内涵。此外，在书籍的封面上加装了一层玉米皮保护层。玉米皮作为草编的重要材料之一，其独特的质感和纹理与草编文化相得益彰，使书籍在视觉上更加引人注目。

参考文献

[1] 邹荣，张仁汉．宁夏乡村特色文化资源与旅游 [M]．银川：阳光出版社，2021．

[2] 怀康．乡村振兴视域下的乡村旅游与乡土文化传承研究 [M]．北京：中国原子能出版社，2021．

[3] 邹荣．宁夏乡村文旅协同发展概述 [M]．银川：阳光出版社，2021．

[4] 刘佳雪．文旅融合背景下的乡村旅游规划与乡村振兴发展 [M]．长春：吉林大学出版社，2021．

[5] 李柏文．"文化创意+"旅游业融合发展 [M]．北京：知识产权出版社，2019．

[6] 周文军．文创的本质 [M]．北京：中国商业出版社，2020．

[7] 张焱．儒风望岳山东文化创意产品设计策略与案例研究 [M]．北京：中国轻工业出版社，2020．

[8] 熊青珍，敖景辉．文化创意产品设计 [M]．长沙：湖南师范大学出版社，2021．

[9] 万祖兵．基于体验经济的文化创意产品设计与应用研究 [M]．长春：吉林人民出版社，2021．

[10] 尹杰．黑陶文化的艺术符号破译黑陶文化创意产品设计策略与案例研究 [M]．北京：科学技术文献出版社，2021．

[11] 许悦．乡村文创的多元表达路径与适老策略研究 [J]．建筑科学，2023，39（7）：192-193．

[12] 符咏琪，邹沛汝．基于乡村旅游体验的文创产品年轻化设计策略探究 [J]．四川劳动保障，2023（6）：107-108．

[13] 张洁，马玮丽．乡村振兴背景下乡村文创设计与开发 [J]．现代园艺，2023，46（12）：102-103，106．

[14] 马晓丽，杨江丽．乡村旅游文创产业助力乡村振兴研究 [J]．旅游纵览，2023（12）：7-9．

[15] 曾凡桂．乡村振兴战略下湖湘红色文创产品设计策略研究 [J]．山东工艺美术学院学报，2023（2）：23-29．

[16] 伍瑄，高颖.乡村文创园的文化创意研究[J].美与时代（上），2021（1）：28-30.

[17] 王越.乡村旅游文创产品设计研究[J].中国果树，2023（3）：153-154.

[18] 沈娟.农村文旅小镇创意设计特色化发展[J].核农学报，2022，36（12）：2561-2562.

[19] 李伟，钟苡君.湖湘女红技艺融入乡村文旅产品创新设计模式与路径探寻——以长沙县开慧镇为例[J].湖南包装，2020，35（3）：55-58.

[20] 周敏宁，钟可莹，刘璞.文旅融合背景下乡村集成化设计探索——以浙江省温岭市石塘镇为例[J].中国名城，2022，36（7）：60-65.

[21] 杨力.剑阁县乡村旅游与文化创意产业融合发展研究[D].雅安：四川农业大学，2022.

[22] 许艺琳.乡村振兴背景下凤羽镇创意旅游发展研究[D].昆明：云南财经大学，2022.

[23] 敖晓红.乡村非物质文化遗产活化发展研究[D].保定：河北农业大学，2022.

[24] 唐迎.乡村振兴视角下的庆阳香包创新设计研究[D].兰州：兰州大学，2022.

[25] 朱奕憬.创意旅游视角下贵阳市高坡乡村旅游产品开发策略研究[D].贵阳：贵州师范大学，2022.

[26] 许道哲.文化振兴视角下徽州木雕文创产品的可持续设计研究[D].上海：东华大学，2022.

[27] 刘鹤鸣.基于乡村文化的产品设计开发研究[D].武汉：湖北工业大学，2021.

[28] 袁晓婧.云上花瑶挑花系列创意产品设计[D].长沙：湖南大学，2021.

[29] 潘晓晴.文旅融合下苏州地区文创产品设计研究[D].苏州：苏州大学，2022.

[30] 刘家梦.乡村文化创意与乡村旅游的融合发展研究[D].重庆：重庆三峡学院，2023.